JN060968

WONJUNGYO

KOREA
MAKEUP

MAKEUP BOOK

KOREA MAKEUP BOOK

WONJUNGYO

Prologue
〜はじめに〜

こんにちは、ウォン・ジョンヨです。

この本では、スキンケアからベースメイク、ポイントメイクまで、フルメイクのステップを細かく解説しています。私がこれまでアーティストやモデルなど、様々な方にメイクをした中で、実際に感じたメイクに関する疑問や発見、そこから考えて得た知識を惜しみなく披露させていただきました。

例えばメイク初心者の方にとっては、今よりもっとかわいくなる、もっときれいになる、もっとメイクが楽しくなる内容になっています。最新のメイクのポイントや私が気になるメイクもピックアップしているので、ぜひ参考にしてみてください。

また、後半の章には、私のビハインドストーリーがわか
るインタビューもたくさんあります。この仕事を目指し
たきっかけや、どんな夢やマインドを持って仕事に臨んで
きたのかが記されているので、プロの方々が読んでくださ
ると共感する部分があるかもしれません。もしくはメイク
アップアーティストを目指す方にとっては、自分の進んで
きた道をもう一度振り返り、気持ちを高めるきっかけにな
ればうれしいです。

　メイクアップアーティストとしてこの本が出せると決
まった時、胸がときめいてすごくドキドキして、新しいス
タートを切ったような気持ちになりました。この期間を通
じて、本当にいろいろと準備を重ねて、私のノウハウを最
大限お見せできるようにがんばってきました。メイクを通
して輝き、自分を愛し、今よりももっと自信を持つ。メイ
クにかけるそんな私の情熱が、読者の皆さんにも伝わるこ
とを願っています。

WONJUNGYO'S MAKEUP ♡ Let's study!!

WONJUNGYO'S MAKEUP ♡ Let's study!! WONJUNGYO'S MAKEUP ♡ Let's study!! WONJUNGYO'S MAKEUP ♡ Let's study!!

CONTENTS

WONJUNGYO'S WHOLE SELF

KOREA MAKEUP BOOK

WONJUNGYO

× SEIRA

여리여리

YEOLI YEOLI
MAKEUP

Ⓦ 「ゴージャスな衣装だったので目元にポイントを置きました。せいらさんの場合は蒙古ひだがあり、二重の幅もキリッとしているので、そこに暗い色をのせるとどんどん目が小さくなるため、ペンシルを使って目元が涼しげに見えるメイクにしました。ペンシルライナーは黒目の色と似ている色を使うのがポイントです。そうするとやりすぎ感なく、自然に目の領域を拡大することができます。黒い瞳なので、明るい色のペンシルだと薄い印象になるし、逆だと重たくなります。チークはぼわっとするかわいさでポイントをあえて作らずに、トーンダウンしたベルベット系を使うことで大人っぽくかわいいピンクメイクに仕上がったと思います」

WONJUNGYO

Why is she so popular?

仕上がりまでの大きな流れを把握！

WONJUNGYO'S

MAKEUP FLOW

まず把握したい WONJUNGYO メイクの大きな流れをチェック！ スキンケアを行う前の2ステップがポイント。まずは自分の肌タイプをきちんと理解すること。次にシートマスクでお肌に水分を補うこと。この事前作業が WONJUNGYO メイクの特徴の一つ。その後に肌タイプ別のスキンケア、ベースメイク、アイメイク、カラーメイクと作業を進めていきます。

WONJUNGYO メイクの全体の流れを CHECK！

Step 1 SKIN TYPE
↓
Step 2 SHEET MASK
↓

SKIN CARE

Step 1 で肌を理解、Step 2 でお肌に水分補給したら、ここからスキンケアをスタートします。このスキンケアも肌のタイプ別に行います。

━━━ メイクのスタートラインはここ！ ━━━

BASE MAKEUP
- ・TONE UP & SUNSCREEN
- ・FOUNDATION
- ・CONCEALER
- ・FACE POWDER

↓

EYE MAKEUP
- ・EYELINE & EYESHADOW
- ・EYELIDS & EYEBAGS
- ・EYELASH
- ・EYEBROW

↓

COLOR MAKEUP
- ・LIP
- ・HIGH−LIGHT & SHADING
- ・CHEEK COLOR

Step 1

自分の肌タイプを知ろう！
☑ **シートで肌の傾向をチェック**

What's your

SKIN TYPE?

肌タイプ診断

自分の肌タイプはしっかり把握していますか？　WONJUNGYO
が教える誰もが簡単に理解できる肌タイプ診断で、まずは自分
の肌の傾向をチェックしましょう。

Ⓦ🅙「日本人の肌質としては、皮膚が薄い方が多い印象を受けました。特徴としては血管
が透けていたり、柔らかかったり。皮膚の厚さでメイクの仕上がりが変わるという
ことはありませんが、日本の方をメイクするうえではしっかりとメイク前に保湿をしてあ
げるなどを気をつけています！」

Type 1

DRY SKIN

乾燥肌タイプ

マスクをしていても乾燥する？　見た目は一番キメが細かくてきれいな肌。

- ☐ **皮膚が薄い**

- ☐ **赤ちゃんのようなキメの細かい
ツルンとした肌**

- ☐ **毛穴はそんなに気にならない**

- ☐ **目元や、顔のパーツがよく動く部分に
細かなシワがある**

- ☐ **洗顔した後に、ものすごく乾燥感を
感じる**

(WJ) 「乾燥肌の方は、皮脂分泌が少ないので、洗顔後に乾燥をとても感じやすいのが一番の特徴です。基本的には肌のキメが整ってなめらかに見えるのですが、うまく乾燥対策ができていない場合は、皮がむけたような角質（白くてホワホワしたもの）が浮いてきたり、化粧水など何かを塗った際に、それらが肌に吸収されにくかったりすると思います。若い頃に『肌がきれいだね』と言われてきた人も多いと思いますが、30歳を越えた頃にシワが突如気になりだしたり、目元などにシワが多く出てきたりします。芸能人は乾燥肌の方が多い気がしますね。そして日本の方も乾燥肌さんが多い印象です」

Type 2

OILY SKIN

脂性肌タイプ

皮脂が油田のごとく湧いてくる。でも将来的には一番老けない肌の持ち主。

□ 　毛穴が大きい

□ 　肌が硬くて分厚く見える

□ 　肌トラブルが起きたり
　　ニキビができやすい

□ 　洗顔後、"さっぱりした"と思った後、
　　5分くらいで皮脂が出てくる

□ 　肌がくすんでいる、重たい、
　　暑苦しいと感じる

(WJ)「脂性肌の方は毛穴が大きかったり、肌がくすみがちだったり、肌が硬かったり、脂性肌の印象をそう表現する方が多いです。実は私（WONJUNGYO）自身もこの脂性肌です。乾燥肌は肌が薄くてすぐシワができますが、脂性肌さんは肌にボリュームというか、厚みがしっかりあるので、シワになりにくいという長所があります。見た目の老化というか、老けて見られたりしにくいという特徴があります。脂性肌は思春期にはニキビに悩んだり、毛穴のこともあるのでお肌のことですごく悩んだりしますが、年齢を重ねた時にシワで悩みにくいので、『結果的に脂性肌っていいよね！』という話をよくします」

MIXED SKIN

混合肌タイプ

世の中に一番多く存在する!?　そしてなんでも使えちゃうマルチ肌。

- ☐ **額まわりのTゾーンとか、アゴまわりの Uゾーンに皮脂が出やすい**

- ☐ **顔のサイドや生え際、 口のまわりなどは乾燥する**

- ☐ **(鼻の) ブラックヘッドが気になる**

- ☐ **鼻の横にニキビなどの 肌トラブルが出やすい**

- ☐ **赤みが出やすい**

- ☐ **ベースがうまく肌にのっていないと 感じることが多い**

(WJ)「常に皮脂が湧いている感じでパッと見た時に“毛穴！”という印象を持つ脂性肌と比べると、混合肌は、毛穴は気になるほどではないです。それよりも混合肌はブラックヘッド（毛穴の詰まりや黒ずみ）が目立ったり多かったりします。また、脂性肌タイプは大きいニキビやじゅくじゅくしたニキビができやすいとしたら、混合肌タイプの方は大きいトラブルはあまりおこらないけれど小さいトラブルが頻発し、それに伴って赤みも出やすい。ベースがあまりうまくのっていかないという特徴が、顔の中で混在しているんです。それが混合肌タイプの特徴です」

Step 2.

肌を鎮静して、毛穴を引き締める！
まずはお肌の温度を下げる

Try!!
SHEET MASK

シートマスク

WONJUNGYO メイクの特徴の"冷やす"作業。シートマスクは洗顔後にすぐでOK！ スキンケアの前に肌にたっぷりの水分補給を！

WJ 「このシートマスクの作業は、乾燥肌も脂性肌も、混合肌などの肌タイプに関係なく行うことをおすすめします。どんな肌タイプであっても、スキンケアやメイクを始める前の土台として水分補給は一番大切です。毛穴を引き締める効果もありますが、熱を持っている肌にメイクをしたとしても、肌にのせたクリームもファンデーションも何もかも溶けてしまって、肌の上でキープできないんです。ですから、事前準備としてシートマスクで肌の温度を下げる作業を行っています。これをやるとやらないとでは"肌のキメ"が違ってきます。本当に驚くほどキメが整って見えるようになるのでおすすめしています！」

昔は緑茶で肌の熱を取っていた!?

Ⓦ 「シートマスクは肌の熱を取る
作業なので、極端にいうと"氷"
でもいいんです。余談ですが、昔は
ウェディングメイクの際に、緑茶な
どでパッティングをしていたという
話もあります。花嫁さんって長時
間きれいな肌をキープしなければ
ならないので、シートマスクがな
かった頃は、肌の水分補給や熱
を取るためにいろんな方法で
行っていたようです。でも
このシートマスクが一
番いいです!」

皮脂が出やすい額
はしっかりと一枚
でパック。

熱を感じやすい頬は毛穴
も多いのでしっかりと水
分補給を。鼻も忘れずに!

ついつい後回しにしがち
なアゴまわりも忘れず
シートを ON。

額、こめかみ、鼻、頬、アゴとシートマスクを完璧に
のせた状態。このひと手間でメイクの仕上がりが劇的
に変わる! 時間がない朝はシートマスクをした状態
で、アイメイクから始めてしまうのも"あり"です。

Ⓦ 「形にこだわったのもポイント。部分マスクって世
の中には円形のものが多いと思うんですが、開発
するにあたって、広範囲をカバーできたり、好きな位置
で折れたりするように他にはないスクエア型にしまし
た。韓国のアイドルの方たちも、このシートマスクを
気に入ってくれていて、よくメイク前に使っています。
あとアイドルの方はとにかく時間がないので、この
シートマスクをした状態のまま、アイメイクからメ
イクアップを始めることもあります」

ウォンジョンヨ モイストアップレディスキンパック 50 枚入り
(レインメーカーズ)

シートを取り出したときに
感じる水分量に驚き!

「ここまでで、皆さんは自分の
肌の特徴をつかめましたか？
そして自分がどの肌タイプになるか
判断できましたか？　ご自身で判断
してもらえるようにわかりやすく文
章でも説明してみましたがいかがで
したか？　それではシートマスクま
でのステップを踏んだら、それぞれ
の肌タイプで長所短所はあるものの、
自分の肌を生かしてスキンケアをス
タートさせましょう！」

自分の肌タイプ診断は終わりましたか？
では本格的にスキンケアの工程に進む前に、まずはおさらいをしよう！

What's your SKIN TYPE?

【Step 1】自分の肌タイプを知る！

基本の肌タイプは＜乾燥肌＞＜脂性肌＞＜混合肌＞の３タイプ。自分の肌タイプ
を知ることがメイクアップ上手への第一歩！　まずはしっかりチェックして自分
の肌と向き合あおう。

Try!! SHEET MASK

【Step 2】肌を鎮静＆毛穴を引き締め、水分補給♡

"肌の熱を取る"とスキンケアもメイクのキープ力も格段にアップ。毛穴も引き
締まるし、水分量もアップするので一石三鳥。シートマスクはメイクアップ前の
ステップとして行って損はなし！

Next!!

Let's SKIN CARE

基礎の肌作りをスタート！

メイクアップをするためのスタートラインに立つために、ここから本格的にスキ
ンケアをスタートさせるよ！　メイクアップ前だけでなく、普段のスキンケアか
ら気をつけて美肌を目指そう♡

1

SKIN CARE

スキンケア

乾燥肌、脂性肌、混合肌とそれぞれのスキンケア方法を展開。
スキンケアは、メイクアップ前の下準備! あくまでもメイク
アップ前なので、どの工程も使うアイテム量は少量を意識!

W.J 「スキンケアをきちんと丁寧に、肌の呼吸を感じて行うと、驚くほど簡単に"メイク
のりの良さ"につながってきますよ。特に乾燥肌と脂性肌は、この前段階のケアを
してあげないと、乾燥肌は乾燥が進みメイクに粉感が出てきたり、脂性肌は自分の皮脂で
メイクが溶けてしまいます。"スキンケアは基礎工事"です。十分なスキンケアができて
いると、本当に自分の肌になじんだ自然なツヤ感が出てきますよ」

シートパックで毛穴を引き締めたら、
最初に診断した肌タイプ別に
ここから本格的にスキンケアを開始！

Let's SKIN CARE.

スキンケア

(WJ)「スキンケアのコツとしては"欲張らずに少しずつ"を意識し、化粧水、セラム、乳液、クリームと一工程ずつしっかりと肌に入れ込むようなイメージで行うこと。これは肌のタイプに限らず大切だと考えています。そして肌に入れ込む方法も大切。成分をしっかりと肌に入れ込むために、化粧水は優しく空気と一緒にトントントンとタップするように行います。そして美容液やクリームは、塗った後にヌルヌルが残らないくらいの量を手のひらを使って、肌に押し込んであげてください。最後にスキンケアで忘れてならないのは、ちゃんと首まで塗ってあげることです！ テクスチャーと使う量の判断、そしてムラなく塗り込むことが大切です」

スキンケア終わりで目指すのは……
手に吸い付くようなもっちり肌！

スキンケアがきちんとできていると手のひらが肌に吸い付くような、いわゆる"しっとり・もっちり"な状態に変化します。ちなみに脂性肌と混合肌はセラミド入りやしっとりするタイプよりも、ヒアルロン酸入りのアイテムを選ぶと◎です！

DRY SKIN

乾燥肌タイプ

乾燥肌は肌に水分をしっかりと入れ込んであげることが絶対的使命！

1 LOTION ―化粧水

サラッとしているタイプは、化粧水の水分の蒸発と一緒に肌の水分も飛んでしまうので、しっとり系の粘性のあるアイテムを！

超微細化したモイスチャー成分が角質層まで浸透。
RMK ファーストセンス ハイドレーティングローション リファインド 150mL（RMK Division）

2 SERUM ―美容液

次に美容液。化粧水同様とろみのあるものがベター。肌にヌルヌルが残るほどのせるのは NG。

3 CREAM ―クリーム

クリームは少しだけ油分を感じるアイテムを！前の工程の化粧水も美容液も主成分は水なので、ここでしっかり蓋をしてあげることが大切。

しっとりしたうるおいのヴェールでうるおい感が持続。
RMK コンセントレート アドバンスクリーム 30g（RMK Division）

4 OIL ―オイル

本当に乾燥を感じるときは、最後にフェイスオイルを。ごく少量を軽く手になじませ、顔を一回押さえるだけでも乾燥はかなり和らぎます。

肌に溶け込むように浸透する厚みのあるオイル。
THREE エミング フェイシャル オイルエッセンス R 30mL（THREE）

WJ 「まず乾燥肌に一番必要なのは、ずばり"水分"。肌にしっかりと吸収させることが大切です。アイテムはとろっとした化粧水など粘性があるかどうかが重要で、化粧水の段階から肌に水分を押し込みます。粘性のあるものを使うと肌がもちもちしてくるので、その状態に肌を作ってあげることが大切です。乾燥肌だしたくさん塗らないと……と、思いがちですが、メイクアップ前なのでたくさん塗らずに量は少しで OK。むしろ"少ししか塗らない"がルールです。少量しか使ってはいけない中で、どれだけの保湿ができるのかというのを重視すると良いです」

WONJUNGYO も実際に使用している万能オイルでしっとり肌に！
エクストラ フェイスオイル 30mL（ボビイ ブラウン）

OILY SKIN

脂性肌タイプ

脂性肌で一番大切なことは、皮脂を調節してスキンケアをしてあげること！

1 LOTION ―化粧水
脂性肌はサラッとしたテクスチャーで、
さっぱりしたアイテムをチョイスしよう。

2 SERUM ―美容液
化粧水を入れ込んだら、次はみずみずしいセラムを。塗る量は"ごく少量"を意識。

3 CREAM ―クリーム
最後は乾燥防止でクリームを少量だけでも塗る。
乾燥すると皮脂がさらに出てメイク崩れの原因に！

韓国では多くのアーティストが愛用。メイクアップ製品を肌に密着させる水分量と質感が魅力。
ジェスジェップ ベアクリーム 80g（Yep's 伊勢丹新宿店）

WJ 「脂性肌は、皮脂によって肌の水分バランスが乱れることがメイク崩れに直結します。脂性肌のアイテム選びで大切なのは、どの工程でもさっぱりしたアイテムをチョイスすること！　そして脂性肌といえども、乾燥してしまうとどうしてもメイクが崩れるので、クリームは少しだけでも塗ってあげたほうが◎です。脂性肌はセラミド入りやしっとりするタイプよりも、ヒアルロン酸が入っているものが良いと思います。また使う量はすべて少量ですが、肌がチクチクするとか、変に肌が突っ張るなどを感じなければ十分です。使うアイテム量のバランスは自分の肌と相談しながら決めてください。スキンケア終わりは、触ったときに手にベトッとする感じはあるものの、ものすごくしっとりです、ツヤツヤですという感じではない肌がベスト。"このくらいにおさめておこう"のルールが脂性肌の基本です」

MIXED SKIN

混合肌タイプ

皮脂が多い部分や乾燥する部分を知り、適材適所のアイテム使いがカギ！

POINT!

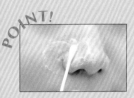

鼻にクレンジング剤を塗り、綿棒にも含ませてクルクル！この後洗顔をして、クレンジング剤はちゃんと落とそう。

Finish

スキンケアが終わった状態♡皮脂によるツヤではなく、肌の内側からしっとり、ふっくら、自然なツヤ感が出ています。

1 CLEANSING ―クレンジング

小鼻やアゴなどがザラザラしていたらクレンジングからスタート。まずは角質をOFFしよう。

2 LOTION ―化粧水

化粧水は全体的にさっぱりタイプを。おすすめはヒアルロン酸入りのもの。これは脂性肌さんと同様♡

3 SERUM ―美容液

美容液は脂性肌タイプと同じように水分感のあるものをチョイス！

4 CREAM ―クリーム

混合肌のクリーム選びのポイントは、化粧水や美容液よりもオイル感のあるものを選ぶこと。

5 OIL ―オイル

このオイルは本当に乾燥する場合のみ！ 薄く塗って水分の蒸発を防ごう。

美容成分たっぷりでスキンケアはもちろん、ツヤ出しにも使える！
フーミー オイル美容液 20mL（Nuzzle）

（WJ）「混合肌は、Tゾーンなどは皮脂が多いけれど、部分的に乾燥するところもあるなど、複合的なトラブル持ちですよね。皮脂が浮いている部分は、角質（白いっぽいもの）が出てくると思うので、角質を取るところからベースを作ると良いと思います。綿棒にクレンジング剤を含ませ、小鼻脇など気になる部分に塗ってふやかした後に、クルクルと優しく動かす。そうするときれいに取れます。化粧水と美容液はさっぱりしたもので良いのですが、クリームはオイル感のあるものを時間をかけてしっかりと押し込んであげることが大切です。混合肌は赤みが出やすいのですが、水分がしっかり肌に入ると赤みが落ち着きます。ケア終わりは一部だけ突っ張る感じがするなど、全体的に不快なところがない、という状態にしてあげてください。混合肌も脂性肌と同じようにヒアルロン酸が入っているアイテムが◎です」

YEOLI
YEOLI
YEOLI

WONJU

YEOLI

YEOLI

YEOLI

NGYO

CHAPTER

BASE MAKEUP

ベースメイク

2

韓国メイクで一番大切に考えられているベースメイク。今回は
ツヤやマットを意識せず、WONJUNGYOの基本的なベースメイ
クのテクニックを紹介していきます。

Ｗ）「ベースメイクは、"メイクをするためのキャンバスだ！"と考えています。絵を描く
時と同じで、ベースがきれいに仕上がっているとその後のカラーメイクもきれいに色
が輝くんです！　きれいな絵を描くにはきれいな画用紙が必要だと思うので、私のメイクは
ベースメイクが大切です。完璧なベースになるように手間をかけることを心掛けています」

ベースメイクの順番

BASE MAKEUP

WONJUNGYO メイクのベースは４ステップ♡　肌タイプ別に気をつける
ポイントもしっかり展開します。ここからベースメイクを開始しましょう。

①
**トーンアップ
＆日焼け止め**

スキンケアが終わったら
トーンアップ＆日焼け止め
からスタート！

②
ファンデーション

ファンデーションは
肌タイプ別にアイテムの
選び方に差がある！

１から４を仕上げて基本的な

③ コンシーラー

コンシーラーは
ただ隠すだけじゃない！
用途別に役割を意識！

④ フェイスパウダー

フェイスパウダーの
全顔使いは
もはやナンセンス！

ベースメイクが完了！

1

まずは紫外線予防！
トーンアップと日焼け止めは肌タイプ関係なし！

TONE UP & SUNSCREEN

トーンアップ & 日焼け止め

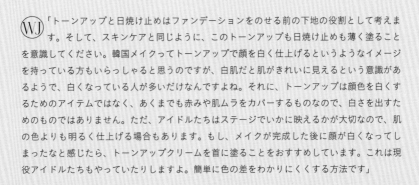

WJ「トーンアップと日焼け止めはファンデーションをのせる前の下地の役割として考えます。そして、スキンケアと同じように、このトーンアップも日焼け止めも薄く塗ることを意識してください。韓国メイクってトーンアップで顔を白く仕上げるというようなイメージを持っている方もいらっしゃると思うのですが、白肌だと肌がきれいに見えるという意識があるようで、白くなっている人が多いだけなんですよね。それに、トーンアップは顔色を白くするためのアイテムではなく、あくまでも赤みや肌ムラをカバーするものなので、白さを出すためのものではありません。ただ、アイドルたちはステージでいかに映えるかが大切なので、肌の色よりも明るく仕上げる場合もあります。もし、メイクが完成した後に顔が白くなってしまったなと感じたら、トーンアップクリームを首に塗ることをおすすめしています。これは現役アイドルたちもやっていたりしますよ。簡単に色の差をわかりにくくする方法です」

日焼け止めは顔全体に薄く塗る！ 脂性肌さんのみジェルタイプの日焼け止めがベター。

トーンアップの色選びは肌の色みよりも目的別でチョイス！ 赤みなどが気になる場合はイエロー系をチョイス。赤みやトラブルがないならピンク系を！

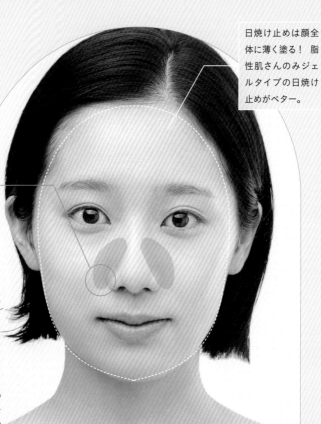

POINT！ 皮膚のように薄く！

パール小ほどの量を手の甲に出したら、筆やスポンジになじませて下の皮膚が透けるくらいの厚さを意識して塗っていく！

POINT！ 全顔に少量でOK！

「これじゃ毛穴が隠れない⁉」と思う方は、スキンケアの段階で肌に水分を十分に入れられてない可能性が！ まずはスキンケアでしっかり保湿を！

Ⓦ「スキンケアの説明の最後で、首まで塗ることが大切ですと話しましたが、なぜかというと『メイクするぞ！』って始めるとすべてを顔に塗りますよね。顔への意識があるので、アゴ下辺り（エラ手前など）で止まってしまう。その状態で何かをのせていくと、基礎ができている部分とできていない部分とがあって、それがムラのスタートとなって波打ち際みたいな線が作られてしまう。それは基礎をきちんと首までのばせてなかった証拠なんです。実は盲点で皆さんが失敗しがちな点です。外で横顔を見た時に波のレイヤードが描かれた方をたくさん見かけます。ですから、首まで塗るという意識が一番大切です。これができているとスムーズに色調メイクができているんですよ」

2

ファンデーションには
肌タイプ別のルールあり！

FOUNDATION

ファンデーション

\ 薄く×2レイヤードする /

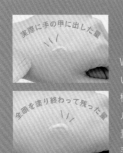

実際に手の甲に出した量

全顔を塗り終わって残った量

ファンデーションは
「本当に塗っている？」という薄さ！

WONJUNGYOメイクを実際に見て一番驚いたことは、ファンデーションの使う量が極端に少なかったこと！ 聞くと、アイドルメイクでもファンデーションは本当に少量しか使わないとか。ベタベタと筆を使い薄くのばすのがWONJUNGYOルールです。

大切なのは"塗る位置と量"
基本は"正面から見える部分だけ"！

輪郭は薄く×2！

Side

★：顔まわりや表情筋が動く部分は薄くを意識。この作業の前に塗ったトーンアップなどで赤みなどを消しているので、ファンデーションは薄くてOKです。

Before After

まゆげ、目尻、アゴ先などをつないだ点線の円の内側が正面から見える範囲。ただし、額はスポンジに残った量でのばすくらいでOK。

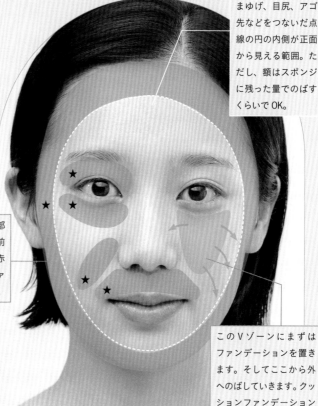

このVゾーンにまずはファンデーションを置きます。そしてここから外へのばしていきます。クッションファンデーションの場合も同じです。

Ⓦ「私のメイクのファンデーションの仕上がりとしては、かなり薄めです。韓国では"薄い肌メイク"が今の主流です。本当に自分の肌のような、肌が透けて見えるくらいの薄さです。ファンデーションは塗り方とかのばし方などに肌質別での大きな違いはないですが、"塗る位置と量"が一番大切なんです。まずは正面から見て、頬中心のゾーンから塗っていきます。そしてスポンジや筆に残った量を他の部分にのばしていってつなげていきます。スポンジであろうが筆であろうが最初にのせた部分から、外へ外へのばしていくイメージで塗ります。また、のせた後にのばす作業をしないと、全部同じ量になって陰影のない平面顔になってしまいます。あと、目元や法令線などの顔の動く部分はシワができるので厚塗りは絶対にNGです。本当にカバーが必要な部分だけをカバーするというイメージで塗ります。ただ口まわりを普通に塗ってしまうと、急に口まわりだけ青白く見えてしまうことがあるんです。そうすると口元だけボコッと出て、まるで牛乳を飲んだ後のように見えてしまいます。だから特に口元は厚塗りにならないように気をつけています。ファンデーションの基本は"正面から見える部分だけ"を意識してみてください」

For
DRY SKIN
ファンデーション

水分が大切な乾燥肌タイプ。仕上げの核心はしっとり感。

乾燥肌の人が求める完成形は
みずみずしくてツヤのある肌

WJ 「ファンデーションって、色も含めて本当に種類が多いですよね。迷って
しまいますが、ファンデーションは肌のタイプ別に合わせて選ぶ必要があ
ります。乾燥肌タイプの場合は、"美容液みたいなファンデーション"がマスト
です。ツヤが出て長持ちしますし、メイクの持ちも良くなります。さらにもっと
ツヤを出したいと思うときは、ファンデーションにプラスして"パール系の下地"
をちょっとMIXするなど応用して使っています。これは撮影の時などによく行っ
ているテクニックです。乾燥肌タイプのベースメイクで欲しいのは、しっとりし
たツヤのある肌なので、ツヤが出るパール感のある下地：1、ファンデーション：
3という感じで1:3で混ぜて使うのもおすすめです。

　メイク工程のモデルさんのベースメイクを作る際にはブラシを使いましたが、
乾燥肌タイプの方は基本的に"水で濡らしたスポンジ"でファンデーションや下
地を塗っていくのが良いです！　ファンデーションのメーカーや種類に関係なく、
どのファンデーションでも何を使うにしても水で濡らしたスポンジを使ってなじ
ませていくほうが浮かないんです。100円均一ショップなどで購入できるスポン
ジでもいいですよ。水を含ませるとブワンと大きく柔らかくなるものが良いです。

　乾燥肌タイプの方は基本的にキメも整っているし、毛穴も目立たないの
でどんな塗り方をしても、きれいに肌にファンデーションがのるにはの
るんです。だから、ツールは何でもいいのですが、ブラシとかを
使って塗って、それが肌への刺激になってしまうのであれ
ば、水で濡らしたスポンジを使うことをおすすめ
します」

水を含ませると柔ら
かく変化！ マシュ
マロ質感で肌への刺
激を少なく。
3D パフ（私物／ダイ
ソー）

唇の水分量に合わせ
て発色するバーム。
左から：ディオール ア
ディクト リップ グロウ
012、001（ともにパル
ファン・クリスチャン・
ディオール）

POINT!

リップバームで保湿と血色をプラスする㊙テク♡

Ⓦ「スキンケア終了後、ベースメイクに入る前にディオー
ルのリップバームなど、体温で色付くタイプのリップ
バームを目のまわりとか乾燥しやすいところに少し塗ってあ
げたりすると良いですよ！ 肌が薄くて青っぽい血管が透け
ていたり、目のまわりが乾燥したりしているので血色感と保湿
を補ってあげるんです。ツヤも出るし、保湿感も長持ちします。
本当にちょっとだけ、通りすぎるようにほんの気持ち程度に。
アイクリームを薄くのばすように塗るのが大切です！」

内側から輝くようなツヤを感
じられる美容液のようなファ
ンデーション。
ボビイ ブラウン インテンシブ
セラム ファンデーション SPF40
(PA++++) N-032 30mL（ボビイ
ブラウン）
※カラーは標準色を掲載。ご自身の
肌の色に合わせて選んでください。

For OILY SKIN
ファンデーション

脂性肌タイプに必要なのは毛穴と皮脂に負けないファンデーション！

毛穴を隠す作業に必死になると
余計にその部分が悪目立ちするので注意

W.J 「脂性肌タイプのファンデーションは、"フィックス（固まる）効果の高いファンデーション"が良いです。自分の毛穴から過剰に出てくる皮脂に負けずにそのまま残ってくれやすいんですよ。あと、ファンデーションの手前の日焼け止めは、クリームタイプではなくジェルタイプやウォータープルーフタイプのものが良いです。

『毛穴を隠したい』という質問をよくいただきますが、毛穴を隠すには道具がすごく大切です。皮脂の多い方は毛穴がボコボコしていますよね？　そのため毛穴を隠すツールとして、"埋めるためのブラシ"と"密着させるためのスポンジ"が必要です。ブラシは毛先を少し立てて、毛穴の隙間を埋めてあげるイメージで使います。あと、チョイスするスポンジも大切です。肌に密着させるために使うのですが、ゴムっぽいちょっとボソボソしていて表面がツルツルしていないスポンジが良いです。おすすめは三善さんのスポンジ。舞台用ですが、これは韓国でも何十年も愛されているスポンジです。あとは、ちょっとエッセンスっぽい毛穴用プライマーを使うのも良いです。ブースター効果が期待できます。シリコンタイプの硬いものだと、毛穴を物質的に埋めるので午後には皮脂と混ざって汚くなってしまうのですが、エッセンス系のプライマーは、肌の中に浸透して皮脂の分泌を抑えてくれるんです。なので、脂性肌にはこちらをおすすめします。

あ、これは良いかも！と最近思った方法がありました。脂性肌の方って、『私は皮脂が出るから……』といって、完璧にマットでサラサラに仕上げがちですよね？　でも結局は皮脂と混ざって溶けてハゲてしまって、どんどん浮いちゃうんですよね。そこでベースを作る際に、最初におすすめしたフィックス効果の高いファンデーションと、少しサラッとした水分感のあるファンデーションとを混ぜて使ってみてください。時間が経っても崩れにくかったです。この方法も秘密にしておきたかった、最近見つけたおすすめの方法です」

BASE MAKEUP

WONJUNGYO も愛用中。脂性肌さんはブラシを使って毛穴を埋める！
ファンデーションブラシ
（私物／トムフォード）

天然ゴム製の化粧スポンジ。韓国のメイクアップアーティストたちにも大人気の名品。
カットスポンジ6つ切（三善）

ジェルのような質感ですっと肌になじんでくれるプライマー。
ザ ポアフェッショナル マット レスキュー マッティファイング ジェル（私物／ベネフィット）

皮脂に強くフィックス効果も高い。カバー力もあるアイテム。
タンイドル ウルトラ ウェア リキッド BO-02 30mL（ランコム）
※カラーはご自身の肌の色に合わせて選んでください。

For MIXED SKIN
ファンデーション

混合肌はファンデーションと BB クリームを MIX すると◎

乾燥部分と皮脂の出る部分とで
アイテムを使い分けても GOOD ♡

「混合肌タイプは、"BB クリーム" が良いです。BB クリームはファンデーションと成分が違って水分量が多くて乾燥もしないうえに、カバー力もきちんとあります。昔の BB クリームはちょっとグレーみが強くて、顔がくすんでしまうことが多かったのですが、私が使っているセルフュージョンシーの BB クリームはグレーみがなくておすすめです。グレーみ？って思いましたか？　なぜあるかというと、元々 BB クリームは火傷痕や傷などをカバーするためのものだったからなんです。ですがセルフュージョンシーの BB クリームはグレーみがないのでとても使いやすいです。混合肌さんは、サラッとしたファンデーションと混ぜて使うのも良い方法です。あと BB クリームとファンデーションを部位ごとで使い分けてもいいですね。乾燥が気になる部分には水分のある BB クリーム、皮脂の出る T ゾーンにはファンデーションという形で。ファンデーションとしては、のばしやすくてきれいに肌に付くけれど、仕上がりはフワッと、サラッとした感じになる "ちょっとマットなファンデーション" が◎です。

崩れやすさが気になるとか、キープ力を高めたいなと思う時は、脂性肌さんと同じようにプライマーを使うのも良い方法です。おすすめはアワーグラスのミネラル プライマー。自然にファンデーションを長持ちさせてくれますし、ツルンツルンになります！　あるアイドルの方によく使いますが、使った日と使わなかった日は差をすごく感じます。これは全顔に塗っても乾燥しないですし、突っ張る感じもしないです。国外で購入したので日本では扱っていないかもしれませんが、もし海外に行った際にはコスメショップなどで探してみてくださいね！　そして混合肌タイプにおすすめのツールは、乾燥肌と同じく水で濡らしたスポンジです。乾燥する肌部分もあるので肌に優しい、水で濡らした柔らかいスポンジを使いましょう」

ALL HOURS
FOUNDATION

MAT LUMINEUX
LUMINOUS MATTE

YVESSAINTLAURENT

For MIXED SKIN

Recommend

Items

のびが良く、ふわッと
したセミマットな肌に
なれる。

オールアワーズ リキッド
LN4 25mL（イヴ・サンロー
ラン）
※カラーはご自身の肌の色に
合わせて選んでください。

フランスで誕生した
スキンケア、化粧下
地、ファンデーショ
ン3つの効果が得ら
れる BB クリーム。

BB クリーム ジンセナ
ヌード（私物／エルボリ
アン）

erborian
KOREAN SKIN THERAPY

BB CRÈME
AU GINSENG

CRÈME TEINT-SOIN
EFFET « PEAU DE BÉBÉ »
MAKEUP-CARE FACE CREAM
"BABY SKIN" EFFECT
SPF 20

15 ML NET WT. 0.55 OZ.

Cell Fusion C
Dermatological Laboratory

SKIN
BLEMISH BALM
INTENSIVE

Covering blemishes,
Correcting uneven skin tone.

40ML / 1.35 FL.OZ.

ナチュラルでもカ
バー力高めが魅力の
BB クリーム。低刺激
なのも GOOD。

セルフュージョンシー
スキンブレミッシュバーム
（私物／セルフュー
ジョンシー）

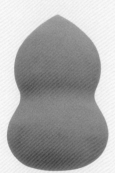

水あり・なしで使え
る大人気のスポン
ジ。混合肌にもおす
すめのアイテム。

3D パフ（私物／ダイ
ソー）

HOURGLASS

大人気ガールズグルー
プのあの子も使用中♡
一日中ツルツル肌を
キープできる。

ヴェール ミネラル プラ
イマー（私物／アワーグ
ラス）

コンシーラーには３つの使い方と役割が！
目的と悩みによって使い分けるのがコツ！

CONCEALER

コンシーラー

「ここからはコンシーラーですね。コンシーラーひとつとっても役割がそれぞれ違います。ここでは＜クマ隠し＞＜ハイライト＞＜スポット＞の３つのコンシーラーの使い方を紹介します。一番重要なのはハイライトだと私は考えています。ニキビを隠すことも大切なんですが、それよりもハイライトで骨格補正をすることのほうがとても大切だと考えています」

BASE MAKEUP

CONCEALER

コンシーラーを使う順番も意識！

クマ隠し	1番目はクマ隠し。色素沈着で黒くなっている場合もあるが、血管が透けて見えているクマを持っている人がほとんど！ 基本はピーチピンクを使えば◎。

↓ 必ずクマを隠してからハイライト！

ハイライト	2番目はハイライト使い。ここでの役割は、"顔の骨格補正"。鼻や目の下のくぼみなどにも対応。凹んでいるところにはヒアルロン酸を注入するイメージで使うのがコツです。

↓ ハイライトで顔をフラットにしてからトラブルレスキューのスポットへ！

スポット	最後はトラブル隠し。まずそばかすやシミなどは全体的にリキッドでカバー！ その後ニキビなどはスポット的にカバーして対応しましょう。

クマ隠し

クマ隠しは補色を意識！　マットな質感は絶対に NG ！
色味とテクスチャー選びでクマを消していこう！

(WJ) 「クマといわれているものって、色素沈着しているか、血管が透けて見えているかの２種類ですが、どちらかというと血管が透けて見えている人の方が多い印象です。色素沈着系の黒いクマは、皮膚を動かした時にクマも一緒に動きますが、血管が透けているクマは上の皮膚が動いても、クマの位置は変わらないですし、ちょっとグレーみがあります。血管が透けているから、目元がくすんでいると感じるんです。

　明るくてカバー力のあるコンシーラーでクマを隠そうとすると、目のまわりが白くなって小さく見えてしまいます。白で隠そうとするのではなく、青やグレーを中和する反対色となるピーチ系のピンクを使います。明るさに頼らずに補色で隠すと、目が小さく見えにくいです。東洋人の黄みの強い肌を華やかにしてくれる色というのが、ピンクかピーチ系になるので、その色でグレーや青を中和するといいんです。"ピーチ＝ピンク"を思い浮かべる方が多いかと思いますが、どちらかというと、オレンジ寄りの色を指します。クマが濃いならピーチ感の強い色味のもの。薄めのクマなら薄めのピーチピンクというように"クマの濃度＝ピーチ感の濃度"で覚えるとわかりやすいです。ちなみにクマ隠しをするためにプロでも使う色味は２～３色です。ちょっと前に流行っていた、緑とかまでたくさんの色が入ってパレットになっているものがあったと思いますが、そんなに多くの色味は使い切れないので、ピーチピンクのコンシーラーで十分だと思います。アイテムとしては、ベトベトしていて乾燥しなくて、だけどカバー力もあるものがいいですね」

Rules

♥ 基本のクマは２種類！
色素沈着系の黒いクマと血管が透けているグレーっぽいクマ。

♥ クマ隠しには"テクスチャー"と"色選び"が大切！
グレーや青みには補色のピーチピンクを！　乾燥しやすいものやマットな質感のものは絶対に NG ！

♥ 東洋人の黄みのある肌を華やかにするピーチピンクを！
＜白×赤＞のピンクだと青白く浮いてくるので注意！　オレンジ寄りのピンクがクマにはベター。

♥ 目が小さく見えてしまうので、下まつげのギリギリまでは隠さない！
まつげの生え際の少し離れたところから、血管が見えなくなるところまでをカバーして隠します。

みずみずしいテクスチャーで保湿も◎。
上から：フローレス フュージョン ウルトラ ロングウェア コンシーラー 1.5W、1C（ともにローラ メルシエ）

目の下のクマやくすみを簡単にカバーできる。
左から：コレクター ライトトゥ ミディアムビスク、ライトピーチ（ともにボビイ ブラウン）

ハイライト

骨格補正のためのハイライト作業！
"ヒアルロン酸を打つイメージ"で行います！

(WJ)「このハイライトを入れる作業は、ニキビを隠す作業よりもよっぽど大切だと私は思います。極論、ニキビはほとんどは放っておいたら治るじゃないですか？ でも骨格的な欠点はニキビみたいに放っておいても消えるものではないので、そこを補正する意味で行っています。正直、同業の方にはあまり読んでもらいたくないですね（笑）。ここで説明するハイライトとは、ライティング効果を期待しているのではなくて、目の下が凹んでいるからヒアルロン酸注射を打つ……というイメージを持って行っています。例えば、こめかみ。歳を重ねるとこめかみ部分が凹んできたりするんですが、そこにお肉があるように見せるために明るいコンシーラーをのせる。そうすると途端に優しい印象の顔になるんです。それと目の下などにぐっと一段凹んでしまっている部分があったりしますよね。世間的にはクマと言われていますが、正確にはクマではなく骨格上できるものなんです。ここにハイライトを入れることで、その凹凸が減って肌の表面がなめらかに見える効果が得られます。芸能人の方のメイクをする際にも、コンシーラーのハイライト使いでよく隠していますよ」

Rules

♥ 20代も40代もコンシーラーのハイライトで女性らしいふっくら顔に。
ここでのハイライトはパウダーなどのライティング的なハイライトとは違って、骨格を補正するものと考える！

♥ ハイライトは2色！ ベビーピンクとレモンイエロー。
一番よく使っているのはベビーピンク系の明るいコンシーラー。赤みが気になる人にはレモンイエローをハイライトとして使用！

♥ 顔の中心である鼻を意識しながら、凹んでいる部分にハイライトをON！
額や目の下に凹みがあるかどうか、目尻や口角がタレているのか、鼻の長短、法令線があるかどうかでハイライトを入れる場所を確認！

♥ 指ではなくブラシを使って少しずつがルール。
コンシーラーは指の温度で溶けてしまうので筆を使用する。ちょっとずつ一定方向にのばすのがコツ。

指の温度で溶けるので
必ずブラシを使おう！
左から：グリースペイント 27、2IP
（ともに三善）

(WJ)「ハイライトは、本当に薄く塗るべきです！ 明るいピンクのコンシーラーを塗ればいいんでしょ？という感覚でばばっと塗ってしまうと、白い部分が顔に点在してしまうので要注意です。細い平筆を使い、肌にのせたときに付いてる？と思うくらいの薄さでちょんちょんちょんと一定方向にのばして塗ります。おすすめは三善さんのグリースペイント。バターみたいにぽってりしてて使いやすいのでコンシーラーのような感覚で使っています。韓国でも使用しているメイクアップアーティストが多い商品です」

ハイライト

コンシーラーをのせる部分を解説！
凹みをカバーしてふっくら優しい顔に

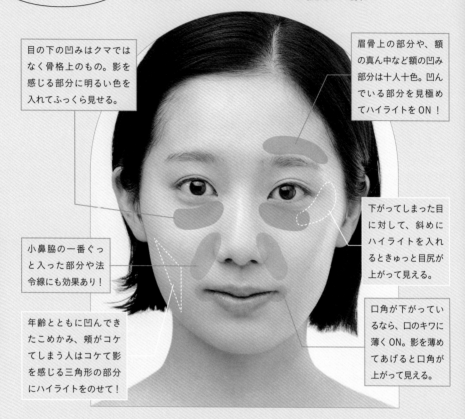

目の下の凹みはクマではなく骨格上のもの。影を感じる部分に明るい色を入れてふっくら見せる。

眉骨上の部分や、額の真ん中など額の凹み部分は十人十色。凹んでいる部分を見極めてハイライトをON！

下がってしまった目に対して、斜めにハイライトを入れるときゅっと目尻が上がって見える。

小鼻脇の一番ぐっと入った部分や法令線にも効果あり！

年齢とともに凹んできたこめかみ、頬がコケてしまう人はコケて影を感じる三角形の部分にハイライトをのせて！

口角が下がっているなら、口のキワに薄くON。影を薄めてあげると口角が上がって見える。

Ⓦ 「特に鼻！ 鼻のハイライト効果は衝撃を受けるくらい大きいです。鼻って顔の真ん中にあるので、目立ちますよね？ だから、その鼻を一番きれいに補正してあげると、すごくドラマティックに変化します！例えば、顔に対して鼻が短い長いというところでの補正法としては、まず鼻が短い人は、ハイライトを鼻筋全体にすっと入れつつ、そのまま人中までつなげると長く見せられます。そして鼻が長い人は、目頭に近い鼻の低い部分と、鼻の穴のちょっと上にハイライトをのせる。鼻筋全部に入れてしまうともっと長く見えてしまうので気をつけてください。鼻の中間にハイライトを入れないので、まるでだるま落としみたいに、錯覚的に鼻の中間が消えて、結果鼻が短く見えるんです。私は鼻が短いタイプなのですが、鼻にハイライトを入れられなかったら、昔は絶対に外には出ませんでしたよ（笑）。そのくらい鼻のハイライトは大切なんです」

鼻が短い人

鼻が長い人

スポット

ニキビなどのトラブルレスキューにはこってり系！
シミやそばかすにはリキッド系をチョイス！

「今回、コンシーラー使いに関しては3つの方法を紹介しますが、このスポットは、コンシーラーの最後の工程です。クマを隠して→ハイライトで輪郭を補正して→そしてトラブルを隠すという流れです。ニキビなどの局所的なトラブルにはペンシルがおすすめなんですが、その中でもクーセルのペンシルのコンシーラーはおすすめです！　これは私にとってはスーパーコンシーラー！　このペンシル以外だとマルビルツや資生堂のものも良いです。こってりしていてニキビなどをしっかり隠してくれます。ちなみに私はコンシーラーの固定力を上げるために蓋をわざと開けておいて、コンシーラーの水分自体を蒸発させてコテコテにしてから使ったりしています。でもこれはもう、プロがこっそり行っている秘密のテクニックですね」

クレヨンみたいな柔らかい芯でトラブルを狙い定めてしっかり隠せる。
コーンシーラーペンシル CC700（私物／クーセル）

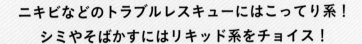

Rules

♥ スポットはコンシーラのファイナル作業！
クマを隠して、ハイライトで凹凸をならした後にトラブルを消していく！　スポットは最後の工程。

♥ ペンシルコンシーラーを使って確実に狙い隠す。
ニキビなど凹凸のあるトラブルにはペンシルコンシーラーなど狙いうちできるアイテムを使用する。

♥ ポコッと出ていないものはリキッドで隠しましょう。
シミやそばかすなど広範囲のものは一つひとつカバーできないので、カバー力のあるリキッドコンシーラーでまず隠すのがベター。

♥ それでも隠れないものはスポットで隠して厚塗りを回避！
リキッドで一度カバーしてあげて、それでも隠れないものにはスポット的にカバーするとナチュラルに仕上がる。

ニキビの赤みも肝斑もしっかり隠せるロングセラーアイテム。
スポッツカバー ファウンデイション（ベースカラー）H100（資生堂）

筆を使ってしっかりカバー。こってりテクスチャー。
カモフラージュクリーム #3（私物／マルビルツ）

薄付きで軽やかなコンシーラー。
左から：HDスキン コンシーラー 1.6（Y）、1.1（N）（ともにメイクアップフォーエバー）

4

フェイスパウダーはマストじゃない！
肌タイプを理解して目的別に使用しよう♡

FACE POWDER

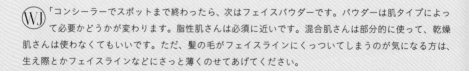

フェイスパウダー

(WJ)「コンシーラーでスポットまで終わったら、次はフェイスパウダーです。パウダーは肌タイプによって必要かどうかが変わります。脂性肌さんは必須に近いです。混合肌さんは部分的に使って、乾燥肌さんは使わなくてもいいです。ただ、髪の毛がフェイスラインにくっついてしまうのが気になる方は、生え際とかフェイスラインなどにさっと薄くのせてあげてください。

　パウダーの付け方にも注意したいところです。脂性肌はパウダーをパフに揉み込んでから、しっかりと肌に押し込んであげます。そうすると本当にメイクの持ちが良くなります。ウォンジョンヨのフィクシングブラーパウダーに付属されているパフを使ったことはありますか？　ちゃんと粉を含むよう考えたので、この付属のパフみたいなちょっと綿っぽいものを使うと良いです。使うパウダーの種類は肌タイプによって変えなくても大丈夫です。脂性肌の方でどうしても皮脂が多くて気になるという人は、ノーセバムパウダーなどの肌にのせても厚塗り感が出ないものを使ってみてください」

(WJ) 「混合肌は皮脂の出るＴゾーンや額全体にパウダーをのせます。眉骨の部分は、特に丁寧に意識してのせてほしいですね。また、皮脂が出るからといって、完全に鼻をマットに仕上げてしまうと、鼻が低く見えてしまいますし、顔の中心がなくなってしまった印象になるので、自然なツヤ感みたいなものは残してあげましょう。鼻全体にパウダーをのせるというよりも、小鼻脇や法令線などをマットに仕上げるほうが効果的ですよ。

　パウダーは大きいブラシでふんわりのせるのが一般的だったりしますけど、実は大きなブラシだと、肌にのせている段階で粉が飛んでいってしまうので、パウダーは肌に均等に付いていないんです。そして、大きなブラシだと筆を置いた時に、ぽてっとパウダーが付いてしまう感じで、筆を置いた部分だけに厚塗り感がでてしまったりするので、領域を決めやすいハイライトブラシのような小さなブラシを使うのがおすすめです」

NO THANKS...

DRY SKIN
✳ 乾燥肌 ✳

フェイスパウダー
は特に使わなくて
も OK ♡

IT IS IMPORTANT!!

OILY SKIN
✳ 脂性肌 ✳

**皮脂を抑えるためにも
フェイスパウダーはマスト！**

使うパフは綿っぽいものが
◎。しっかり揉み込んでパ
ウダーを ON。皮脂がどうし
ても気になるならノーセバ
ムパウダーのようなもので
毛穴を埋める！

おすすめは付属のパフ♡
付属のパフまでじっくりこだ
わって製作してるそう！
ウォンジョンヨ フィクシングブ
ラーパウダー付属のパフ

USE IT PARTIALLY!

MIXED SKIN
✳ 混合肌 ✳

**皮脂の出る部分を意識して
部分的にのせましょう。**

パウダーを部分的に使う
ので、のせる、のせないの
境い目を考えるとブラシを
使用するほうが GOOD ！
大きなブラシでささっとの
せるのは禁止！

**韓国では有名な
ピカソのブラシ**
WONJUNGYO も実際
に使用しているピカ
ソ。お財布に優しい
価格も◎。
メイクブラシ 14（私
物／ピカソ）

フェイスパウダー使いの達人に！
筆を使って"部分のせ"を意識しよう

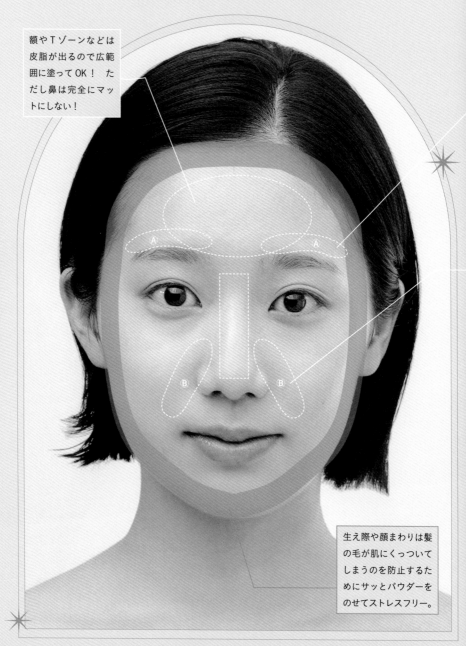

額やTゾーンなどは皮脂が出るので広範囲に塗ってOK！ ただし鼻は完全にマットにしない！

生え際や顔まわりは髪の毛が肌にくっついてしまうのを防止するためにサッとパウダーをのせてストレスフリー。

赤みが強い方は 02 のプレーンベージュがちょっと落ち着いた雰囲気になるのでおすすめ。赤みに悩んでいないなら 01 のプレーンピンクを！
左から：ウォンジョンヨ フィキシングブラーパウダー 01、02（ともにレインメーカーズ）

Ⓐ 顔が優しく見えるテクニック♡ 眉骨の上はパウダーでマットに！

POINT!

Ⓦ「まゆげの上の部分など骨が出ているところは光が当たるので明るくなりますよね。でもここが光るとハンサムになりすぎるんです。眉骨が出ていると、顔の印象として男性っぽくなってしまいますし、眉の筋肉も動くと光って目立ってしまうので、パウダーでマットにきれいにしてあげると優しい印象に変わりますよ！」

POINT!

Ⓑ パウダーは顔全体にのせるよりも 光ったら嫌な部分を意識してのせる

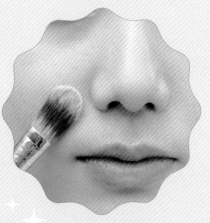

Ⓦ「パウダーの使い方のルールとして、"光ってきれいじゃない部分は消す"ということを覚えるといいと思います。小鼻脇や法令線って顔を動かした時に、シワや動きが目立つ部分なのでマットに仕上げます。マットにすることで光が反射しにくくなるので、シワなど嫌な部分が見えずらくなって肌がツルンとして見える効果があるんです」

POINT!

ブラシは指1〜2本分の太さ！ 小回りが利いておすすめです！

Ⓦ「眉骨や小鼻脇、法令線と部分的にパウダーをのせるので、ちょっと小さめの筆を使うのがおすすめです。パウダー＝大きなパウダー用のブラシという認識もあるかと思いますが、それよりも指1〜2本くらいの部分用のブラシがパウダーを塗る際に小回りが利いて便利なのでおすすめです」

WONJUNGYO

Why is she so popular?

3

EYE MAKEUP

アイメイク

　基本を知る者はアレンジをも制する！ということで、ここではアイメイクの基本の"き"を紹介します。目を大きく見せるには、自分の目の形を知ることも大切。目の形別、下まぶたや涙袋の形別での対応を展開！

「例えばアイラインを一本描くにしても、私はまず全体的な目の形を見ます。そして顔立ちかかわいいのか、かっこいいのか？　二重の幅は狭いか、広いか？　そして二重の線がくっきりしているのか、浅いタイプなのか？　目が切れ長なのか、丸いのか？　目が小さいのか、大きいのか？　目の距離は寄っているのか、離れているのか？という感じで、目元全体を見ていきます。次にその人に似合うラインの描き方やシャドウの塗り方などを考えます。アイメイクは第一印象を左右する部分。だから、きれいな目元を作るために心を込め、手数をかけています」

アイメイクの順番

EYE MAKEUP

WONJUNGYO メイクの目元メイクの順番はアイライン＆ア
イシャドウ、下まぶた＆涙袋メイク、まつげメイク、まゆげ
メイクの順番で進行。まゆげメイクは展開上、最後にしてい
ますがどのタイミングでも構わない！とのこと。

①
アイライン＆
アイシャドウ

シャドウは"アーモンド形"が
基本！　ラインは目の形別に描
いて目のシルエットを変える♡

②
下まぶた＆
涙袋

3つの下まぶたの形別に似合う
メイク法を伝授♡　ちゃんと似
合う涙袋メイクを理解しよう。

③ まつげ

まつげは立ち上げればいいというものでもない！ 自分のまぶたとまつげの状態を理解しよう。

④ まゆげ

顔型別に似合うまゆげをご紹介。WONJUNGYO メイクでのまゆげの濃さや色などコツを紹介。

シャドウライン・リキッドラインの
ダブルテクで目を拡張！

EYELINE &
EYESHADOW

アイライン＆
アイシャドウ

Ⓦ「元々ある目を生かしながらも、いかに自然に大きく見せられるか？をアイメイクをする際に考え
Ⓙ ています。大げさかもしれませんが、目を最大限に大きく見せるためにはどんな手段もいとわない
です。ステージに上がるアイドルは、遠くからでもパーツがはっきりしていたほうが映えるので、大きく
見せてあげられるよう、印象的な目元になるように意識しています。

　アイラインを描くテクニックに大きく変わりはありませんが、ラインの長さや濃さなどは、その人によ
るものなので、どのくらいのばしたら、ラインをどのくらい描いたらいいですよ！とは言えないんです。
そこで、今回は私がアイラインを描く際の基本的なテクニックを紹介します。いきなりアイライナーでア
イラインを描くのではなく、まずは薄めのアイシャドウを使ってアイラインベースを描きます。このシャ
ドウベースが陰影となって、元々目はここまでありますよ！と思わせられるんです。次のリキッドライン
も線を描くのではなく、まつげの隙間を埋める感覚で、インラインのように描いていきます。そうするこ
とで自然なのに、涼しげで印象深い目元が完成します」

Rule 1

EYELINE

ベースのシャドウラインで目幅を拡張
リキッドラインで目の形を整える！

① ベース（シャドウライン）

ベージュなど陰影カラーを使用！　細い筆で少しずつラインを描く。

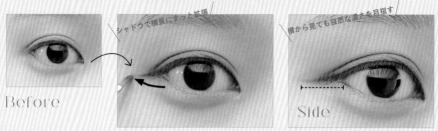

WJ「ベージュなど、アイシャドウパレット内で一番薄い色味のシャドウを使い、元の目尻よりも1センチくらい長く描き、目の幅を広げていく。シャドウラインを描くことによってナチュラルに陰影が出るので"アイラインを描きました"という印象ではなく、まるでそこまで目だったかのように目幅を拡張できます。薄い影を作るように、薄い筆で少しずつ描いてください」

② アイライン（リキッドライン）

リキッドライナーの毛先でまつげの隙間をちょんちょんと埋める！

WJ「ラインを描くというよりも、リキッドライナーでちょんちょんとまつげの隙間を埋めていきます。インラインのような感覚です。私は仕事上、ジェルライナーを使用することが多いですが、普段使いならまつげの隙間を簡単に埋められるリキッドライナーで十分だと思います。アイラインの描き方としては、目を開けたまま描くのがいいのですが、意外と難しいですよね。これは慣れるということが一番の上達方法なのでたくさん練習してほしいです」

Rule 2
EYELINE

目幅を拡張して目頭と目尻の高低差を減らす
どんな時も意識するのは"平行四辺形"

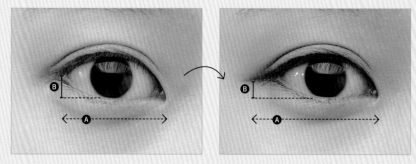

Before　　　　　　　　　After

アイラインのシャドウラインと、リキッドラインのダブル使いで、Ⓐ距離が長くなって目が自然と大きくなったのがわかりますか？　そして、Before だとモデルさんの目尻がやや上がっていますが、After を見ると目頭と目尻の距離のⒷが短くなりました。

POINT!
ぐっと目頭にラインを入れ
二重幅を均一に見せる！

Ⓦ「モデルさんの場合、二重がやや浅いのと二重幅のバランスを調整するために、目頭だけに太めのラインをぐっと描くことで、目全体のバランスを整えました。目を開けたときに、目頭もきゅっと締まり、二重のラインも均等に見え、目がより平行バランスに近づくテクニックです」

目幅と高さが整った
平行四辺形を目指そう！

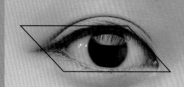

目幅の拡張と、目の形のバランスが整うとすっと涼しげな目元が完成します。平行四辺形の目元に近づけるには、ベースのシャドウラインの陰影がマスト！

EYE MAKEUP

Eyelids shape!! How to draw eyeliner.

目の形別に、アイラインと描く際のコツと
ポイントを WONJUNGYO が伝授！

一重

(WJ)「目を開けた時にラインが埋まってしまうので、うっすらとシャドウを入れて影を作る。使う色はポイントシャドウ（締め色）のような色！」

(WJ)「一重さんはまつげも重要！ぐっと根元から上げたL字のまつげを作る。まつげを上げた分も目に見せる」

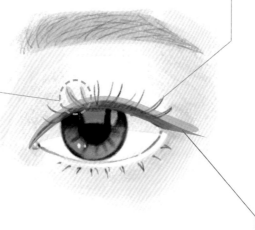

(WJ)「にじみやすいので、リキッドを使用！　まつげをがっつり上げたので、まつげの根元や隙間が見えてしまうためその隙間や粘膜を埋めるイメージでラインを描く。目尻はまぶたに付かないように、まっすぐ真横に」

奥二重

(WJ) 「ラインの終わり
は、上げたり下げ
たりせずに目尻をすっと
自然に外に流すイメージ
で描きましょう」

(WJ) 「黒目終わりまでは粘膜の部分を
埋めるように細いラインがマス
ト！ 薄く、細く描かないと二重の幅が
もっと狭まって見えてしまうので注意」

二重・丸目

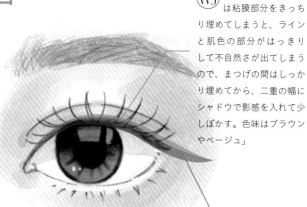

(WJ) 「二重の幅が広い方
は粘膜部分をきっち
り埋めてしまうと、ライン
と肌色の部分がはっきり
して不自然さが出てしまう
ので、まつげの間はしっか
り埋めてから、二重の幅に
シャドウで影感を入れて少
しぼかす。色味はブラウン
やベージュ」

(WJ) 「まずは粘膜全体をラインで埋める。二重のラインの目尻側は幅が広い
ことが多いので、広い部分を少し狭める感覚で描く。ライン終わりは
目尻部分を少し太く描き、目と二重のラインの幅を調整することを意識する」

タレ目

(WJ)「目頭から目尻までしっかり粘膜を埋める。目頭から、黒目の終わりまでは本当に細く描く」

(WJ)「目尻の少し上（黒目の中間辺りを意識）から、ラインを描き始めます。目の終わりと上まぶたの間に少し隙間がある状態」

(WJ)「目尻に肉付けをするようなイメージ。ラインは必ず上黒目終わりからまっすぐ流すように。目尻が上がって見えるように平行四辺形を意識」

つり目

(WJ)「粘膜部分を埋めたら、目の終わりからすっと下に流す感覚でラインを描いていく」

(WJ)「シャドウを使い、黒目下の終わりから上のラインの終わりまでを自然につなげて三角ゾーンを意識。三角ゾーンの中は同じ色のシャドウで塗る。これは一番人気のアイラインの描き方ですよね。子犬っぽい感じになります」

Rule

EYESHADOW

アイシャドウの塗り方は
" アーモンドルール " を意識すれば失敗なし！

基本的なアイシャドウの塗り方はどんな目の形でもルールは同じと覚えよう！

アーモンドの形を
イメージしよう！

WJ 「まず目を閉じて、まぶたにアーモンド一つを置くようなイメージでアイシャドウを塗ります。ブラシを使用しワイパーのように動かして、目元にアーモンドシルエットを描いていきます。色をのせるというよりも薄いカラーのシャドウで、本当に自然な陰影を付けるイメージです。

　アイシャドウのルールは『アーモンドを一つ置くようにシャドウを塗る』とお話ししましたが、アイシャドウの基礎なので、これは一重だろうが、二重だろうが、切れ長の目元だろうが、目の形は気にしなくて大丈夫です。どんな目の形であってもアーモンドを意識してまずは塗ってください。メイク初心者の方が、アイメイクで目を大きく見せようといろんなことをしようとしますが、それが失敗する原因なんです。このアーモンドルールを意識してやれば、それだけで十分です。いろいろがんばるよりも、こちらの方がきれいに見えますよ」

目を開けた時に二重幅より
少し上に見えるくらいがベストなシャドウ位置！

目元に彫りが欲しいからといって上まぶた全体にシャドウを塗るのはNG。目を開けた時に二重の線から程よくちらりと見えるくらいがシャドウをのせる範囲の目安です。

POINT!

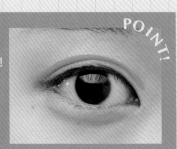

EYE MAKEUP

How to add a touch to eyeshadow?

SWEET　　かわいさを演出したい♡

アーモンド×グリッターですぐに完成♡

基本のアーモンド形のエリアを作ったら、その中央にグリッターをのせるだけで、簡単に丸くてキュートな目元に変身できます。

COOL　　クールに見せたい時♡

ニュアンスが欲しいなら濃い色を斜めに！

こちらもアーモンド形は基本ベース。ちょっとクールやセクシーに見せたいなど雰囲気が欲しい時は、少し濃いめのアイシャドウを少し長め＆目尻斜めに入れてあげると◎。

(WJ)「メイクをするならちゃんとやらなきゃと思って、しっかりグラデを付けて……など、一般的なルールを考えてしまいがちですが、中間の陰影色でベースを作って、しっかり目の幅を整えてあげるだけでアイメイクは完成するんです。それさえできていれば、目というのは深みも大きさも出てきます。何かいろんなことをしなくちゃ！とか、偉大なことをしなければ！ということは考えなくてもいいんです。基本をしっかりやればそれだけで、きれいにメイクをしている印象になります。

　私がプロデュースしているアイシャドウパレットは、これ一つあれば誰でも簡単に目元メイクが完成するように考えて作られています。ベースを塗って、目の領域を拡大するための陰影カラーを塗って、華やかにしたいのならパレットの中に入っているグリッターをのせる。そして最後にアイラインを描けば目元メイクは完成します。パレット内、四角の下段中央の陰影カラーはこのアーモンド形を描いたり、目の拡張に使ったりして一番使用するので、この色だけ特に減りが早いんですよ。そしてサロンの他のアーティストたちもこの色味が使いやすいと言ってほめてくれます。絶妙な色味なんですが、使った際に『目のまわりが黒い！』って感じないような自然な陰影カラーなんです。特に02番のトレンチブラウンは、基本のパレットとしておすすめです」

ウォンジョンヨ W デイリー
ムードアップパレット 02
（レインメーカーズ）

2

下まぶたの形は3タイプ♡
涙袋メイクが似合うまぶたって？

EYELIDS &
EYEBAGS

下まぶた＆涙袋

Ⓦ「涙袋メイクは、誰でも顔立ちをかわいく見せたり、幼く見せたりする効果があります。ただ100人中全員が涙袋メイクをしたら似合うかというとそうでもなかったりします。涙袋メイク度20%くらいが似合う人もいるし、100%万全にやってそれが似合う人もいるので、涙袋メイクは、顔立ちに合わせた程度が肝心です。

　私が今までたくさんの方をメイクさせていただいてきて、涙袋メイクをして喜ばれたのは例えば、目の下にクマがあるとか、凹んでいる部分があるとか、なんとなく目元に元気のない人でした。目の下の辺りが痩せて見えてしまっている方に涙袋メイクをしてあげると、目元にふわっとボリュームが出る効果があるので、喜んでいただけている傾向があります。ぱっと見て変化がわかりやすいからなんだと思います。逆に目の下にお肉がある人や下まぶたが盛り上がってる人には、影感だったり色をプラスして下まぶたのボリュームを抑えてあげると、きれいに似合っていたと思います。つまり、下まぶたのメイクは顔立ちや下まぶたの形も含めて理解したうえで似合う"程度"を探してメイクをすると良いと思います」

What is the shapes of your lower eyeline?

下まぶたのメイクの仕方はアイラインと同じように千差万別で、形やその人の持っている雰囲気で変わってくるんだとか。今回は WONJUNGYO が多いと感じた代表的な下まぶた3タイプで展開。

Type 1

下まぶた・上がり目 Type

目尻が上がっている人や目がすっとした印象の目元の人に多い。目の縦幅よりも横幅がある。下まぶたの粘膜のラインが上まぶたの目尻に向かって直線的である。

Type 2

下まぶた・下がり目 Type

目の縦幅がある人や丸目の人に多い。黒目の外側の粘膜のラインはややふっくらと丸みをおびている。下まつげはしっかりと下に向かって生えている。

Type 3

下まぶた・平行目 Type

一番わかりやすく見分ける方法としては、まつげの生え方。上がり目、下がり目の下まつげは、しっかりと下に向かって生えているが、平行目の場合は下まつげがお肉に押されて上に向かって生えている。

NEXT♡ それぞれの下まぶたの形別。下まぶたの基本メイクルールを紹介！

✶ 下まぶた・上がり目 ✶

Basic makeup method

「このタイプの人は、基本的に下まぶたがキリッと上がっていることが多いので、丸い目に見せてあげられるように意識しています。二重や奥二重の人も同じ方法でいいと思います。ただし、一重で切れ長だったり、上まぶたがもちっとしてる人などは、涙袋メイクが似合わない可能性もあります。『やってみたけどなんか違うな……』と感じるなら、イラスト内の①の幅は一緒だけど、この①の部分を明るくしてボリュームを出す（肉を付ける）のはやめて、目頭の下辺りにラメやグリッターなどをのせて、キラキラにさせるくらいでとどめたほうがいいかと思います」

1

まずは黒目の終わりまでを明るくします！

色味はどんなものでもOK。明るめのベースカラーなどでもOK！　①の範囲を目尻まで持っていくとさらに目尻が上がってしまうので注意。

2

ポイントカラーで三角ゾーンを描く。

次に黒目終わりからその先に三角ゾーンを意識して作る。ここには濃いめの締め色を使う。

3

①と②の境い目を自然にぼかす！

②の三角ゾーンの下と三角ゾーンの境い目を、少し明るめの陰影カラーで埋める。色の濃さに順番をふるならA（薄）→B（中）→C（濃）の順。

4

上下にポイントを作って黒目を大きく丸く。

黒目下の粘膜部分にインラインをON。さらにポイントとして、マスカラを黒目の上下だけ濃く塗ると◎。上にも下にも引っ張られて目が大きく丸く見える効果を期待できる。

✳ 下まぶた・下がり目 ✳
Basic makeup method

Ｗ Ｊ 「タレ目さんは目尻を上げてあげるイメージです。例えば、笑った時に目尻が持ち上がる
イメージで作ります。下まぶたの外側にボリュームが出るように光沢感のあるアイテム
を使うといいと思います。下がり目さんは、二重、奥二重、一重の人も基本的なメイク方法は
同じでOK です。あと、目尻よりも目頭の位置が気持ち上にある場合が多いので、目頭にアイ
ラインを仕込んで、目頭を下げて目を平行に見せてあげるのもポイントです」

1
**目頭から目尻すぎまでに
明るめのコンシーラーを
のせていく！**
目尻が下がっているのを
持ち上がっている印象に
したいので、目尻の先ま
でコンシーラーをON。
③の部分は指でちょっと
ぼかして違和感がないよ
うに。少し明るめするイ
メージでぼかす。

2
**アイライナーを粘膜に仕
込み、目頭と目尻の位置
を平行に♡**
目頭の粘膜部分は、アイ
ラインで埋める。アイラ
インを仕込むと、目頭が
ちょっと下がった印象な
り、目が平行に見える。

3
**外側にボリュームを作っ
てポイント出し！**
外側にポイントを作り出
したいので、黒目の外側
の③の部分にハイライト
となる光沢感のあるアイ
テムをON。キラキラし
たグリッターやラメなど
がおすすめ。

4
**下まつげにマスカラは
NG です！**
マスカラは上目尻のみに
ポイントを出すように塗
る。下にマスカラを塗る
とせっかく持ち上げた目
の印象をまた下げること
になるので、マスカラは
上だけ！

✦ 下まぶた・平行目 ✦

Basic makeup method

Ⓦ「このタイプの場合は下まぶたを明るくするよりも、色使いが大切です。ほのかな杏カラーがおすすめです。杏カラーというのは、肌の色に近いけれどチークとしても使えるようなヌーディな色です。ウォンジョンヨのデイリームードアップパレットのトレンチブラウン（P081）に入っているダイヤ形のチークの色味くらいがベストです。平行目の方は色味なしで明るくすると、目がどんどん小さく見えてしまいます。かといって、目の下を暗くすると印象が良くないし、かわいくも華やかにも見えない。でもたまにはパールやグリッターを使いたくなると思うので、明るくするならカッパーとかローズゴールドなどの、ちょっと色味のあるものを使ってあげることをおすすめします。二重、奥二重、一重も同じ方法で OK です」

1

杏カラーを下まぶた全体に塗っていく！
ヌーディな杏カラーを下まぶた全体的につなげて塗ると、目の下に笑った時にお肉が上がるようなボリュームが出て、目が上がって見える。

2

極力細く！ スキントーンのシャドウをまつげの根元に ON。
まつげの根元に暗すぎないスキントーンに近い陰影の出ない色のシャドウを、細く細くのせて特有の詰まり感を減らす。まつげの根元が見えず詰まった感じや暑苦しい印象は、まつげの根元を明るくして隙間があるように見せる。

3

熱した竹串（ブルゴデ）でまつげを下げる！
マスカラを塗った後にブルゴデを使い、まつげの根元をぐっと下げる。この下まぶたは、明るくして膨らませるというイメージよりも、少し色味を足して下に下に意識を持っていくと詰まった感じが減り、目が自然に大きく見える。

ABOUT
EYEBAGS MAKEUP

**— 涙袋メイクが似合う
下まぶたの特徴を教えて！**

　似合う目、似合わない目でいうと粘膜が見える、見えないというのが判断材料になると思います。悪い意味ではなく例えると、見えている人は少し目が下がってあっかんべーをしているような状態です。そこに明るい色をのせると少しお肉が上がって見えるので、結果的に涙袋メイクの効果が出やすいですし、それが似合う傾向にあるんだと思います。まつげの生え方も確認ポイントです。粘膜が見えていると、下まつげは真下に向かって生えていることが多いのですが、横から目を見た時にまつげが真上に向かって生えている下まぶたが平行目の方は、いわゆるザ・涙袋のメイクが似合わない傾向があります。涙袋メイクは下まぶた部分を白くなじませて作ったりしますが、まつげが真上に生えている人を同じようにメイクすると、二日酔いでパンパンにむくんだ顔のようになってしまうんです。もっと目が埋まって見えてしまうというのかな。そういう人は、色味を駆使してメイクをするといいです。

**— 涙袋メイクでおすすめする
アイテムを教えてください。**

　メタルシャワーペンシルも 03 番は、すっと 1 回のせるだけでもきれいに塗れるのでおすすめです。若い子だけじゃなく年齢が上の方にもいいですよ。スキントーンに近いのでのせても汚くなりにくいですし、目元のボリュームも出ます。

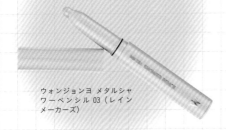

ウォンジョンヨ メタルシャ
ワーペンシル 03（レイン
メーカーズ）

**— ママ世代も涙袋メイクをしたい！
注意することはありますか？**

　涙袋メイクは幼く見せられるし、目の下のボリュームも出るし、ママ世代の方も憧れますよね。ただ物理的な話にはなりますが、涙袋メイクには年齢とシワの問題があります。ぱーんと肌にハリがあるティーンは気にしなくてもいいのですが、下まぶた部分って細かいシワができやすいし、筋肉がよく動く部分なんです。そもそも涙袋メイクはいろんなアイテムを重ねてメイクしますよね？　だから、動くことによってメイクも崩れやすい。いろんな問題が重なるので、涙袋メイクを一生懸命に作っても時間が経つと、シワにのせたものが溜まって、清潔感がなくなって、せっかくかわいくメイクをしたのに汚く見えてしまうんです。そのため年齢とシワのことには注意すべきです。何度もお直しを覚悟してメイクをするか、薄くメイクを作っていくかで対応してほしいなと思います。

**— どんな顔立ちの人が
涙袋メイクは似合いますか？**

　そもそも持っている顔立ちがスイート系なのか、クール系なのかによります。どんな方でも涙袋メイクをするとある程度はかわいく見えたり、幼く見えたりするんです。似合うかどうかは顔立ちと雰囲気が重要です。だから、涙袋メイクは自分に似合う " 程度選び " が肝心なのです。

**— シャドウライナーなどで
涙袋のラインを描いたほうがいいですか？**

　影や線を描いて作り出すというよりも、その他のパーツのトーンをしっかりきれいにしてあげるほうが大切ですね。肌に近い色味をのせている部分と肌との差をしっかりと出すこと。ここまでが私が色をのせて作った涙袋です、ここまでが肌です、頬ですとわかるように、ファンデーションなどで肌の補正をすることが大切です。そうすると不思議と境界線が出て、涙袋だけが浮かび上がってきます。ただ、ベースメイクの部分でもお話ししましたが、目の下をきれいに補正しすぎてしまうと、目が半分くらい小さくなって見えてしまうので注意しなければなりません。

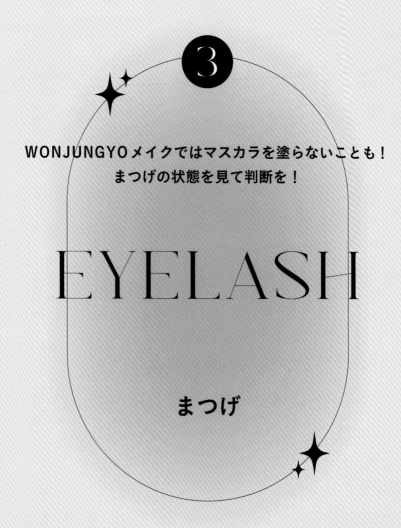

3

WONJUNGYO メイクではマスカラを塗らないことも！
まつげの状態を見て判断を！

EYELASH

まつげ

（WJ）「まつげメイクとしては、目の形とまつげの状態を見ています。まつげの毛の量やボリューム、そしてコシですね。アイラインの描き方の時にもちょっとだけ説明しましたが、上まぶた重めの一重の人は、まつげをＬ字にぐっと上げることを意識することもありますし、丸目の人はあまりカールをさせなかったり、その人が持つ素材というかまつげの状態を見ています。直毛のまつげで本当にぐっと持ち上げたいなら、ビューラーなどは温めてからまつげを挟んであげたほうがいいですし、まつげが元々たくさん生えていてきれいな目元の場合は、私がプロデュースしているマスカラのようなナチュラルなアイテムをすっと塗るだけでも十分です」

ビューラーはオーソドックスなタイプと
細い毛を挟める部分用を駆使！

(WJ)「まつげの立ち上げで、意識していることがあります。目とまゆげの距離が近かったり、丸い目の場合はあまり立ち上げないですね。控えめにビューラーをします。二重の幅もチェックポイントではあるんですが、幅が狭い人もあまり上げずに抑えます。この距離でぐいっと上げすぎてしまうと二重の線が消えてしまうので、私の場合はあまり立ち上げません。けれど、眠そうな目だったり、目が小さい人やちょっと脂肪のある一重の目だったりする場合は、L字になるくらいがっつり上げて目元をしっかり見せます。一重のタイプの方は、ラインメイクよりもまつげメイクで目を大きく見せるほうが、効果としては良いです。まつげが下がっているとメイクをしてない？ 手を抜いてる？ように見えてしまうので、まつげを上げて大きな目に見せるといいんです。これは二重幅の広い人も同じです。はっきり目が開いて見えるように立ち上げます。ちょっと角度を気にするだけで目元の印象も変わって見えると思います」

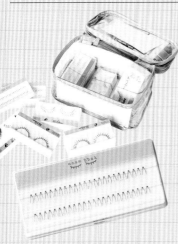

1つ柱で毛先がセパレート。長さは10ミリ。アイドルにも使用しているつけまつげ。
部分用つけまつげ（本人私物／CCAMBBAK
＜カンパクソンヌンソプ＞）

まるで自分の
まつげのような仕上がり
POINT!

自然に長さと
ボリュームアップを実現
POINT!

Side

(WJ)「つけまつげもその人に似合う種類と付け方があるので、一概に『これがいいです！』と説明できないところではありますが、つけまつげの付け方に関しては話せるかな。つけまつげは、それこそ一本一本、毛と毛の間に付けていきます。毛にぴたっと付けるのではなく、毛と毛の隙間を埋める感じで付けています。私は左の写真のような部分用のつけまつげを使用しています。また誰彼構わず付けるわけではなく、まつげが長い人や濃い人には使いません」

(WJ)「まつげメイクとしては、＜ビューラー＞＜つけまつげ＞＜マスカラ＞の順で進めています。ビューラーはどんな目元をしているのか、どんなまつげなのか、状態を見て上がり具合などを調整しています。ツールでいうと部分用のビューラーはなくてはならないものですね。本当に細かいところの毛も逃さずカールできるので、皆さんも1つはお持ちになると良いと思います。マスカラの色の選び方にもポイントがあります。マスカラの色を選ぶ際には、"瞳孔の色"や"黒目の色"を見て判断すると良いです。瞳が本当に明るいブラウンの方は、黒いマスカラを使うと目元が暑苦しく見えてしまうので、その瞳の色に合わせてブラウン系を使ってあげると、自然と自分の瞳の色となじみ、きれいに見せてくれます。逆に瞳の色が黒い方や黒目が大きい方は、黒色のマスカラです。黒目のインパクトに負けないので茶色よりも黒色のほうをおすすめします」

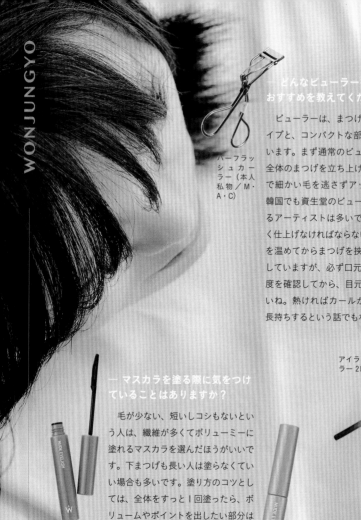

— どんなビューラーを使っていますか？
おすすめを教えてください。

　ビューラーは、まつげの全体を挟めるタイプと、コンパクトな部分用とを使用しています。まず通常のビューラーを使用して全体のまつげを立ち上げたら、次に部分用で細かい毛を逃さずアップしていきます。韓国でも資生堂のビューラーを使用しているアーティストは多いですね。メイクを早く仕上げなければならないので、ビューラーを温めてからまつげを挟む方法も行ったりしていますが、必ず口元や手の甲などで温度を確認してから、目元に使用してくださいね。熱ければカールが付きやすいとか、長持ちするという話でもないです。

ハーフラッシュカーラー（本人私物／M・A・C）

アイラッシュカーラー213（資生堂）

— マスカラを塗る際に気をつけていることはありますか？

　毛が少ない、短いしコシもないという人は、繊維が多くてボリューミーに塗れるマスカラを選んだほうがいいです。下まつげも長い人は塗らなくていい場合も多いです。塗り方のコツとしては、全体をすっと1回塗ったら、ボリュームやポイントを出したい部分はブラシを縦にして追加して塗る！　そうするときれいに塗れます！

ウォンジョンヨ ヌードアイラッシュ 01、02（ともにレインメーカーズ）

　WJ 「韓国のメイクアップサロンでは、つけまつげの付け方は最初に練習をする作業だったりします。アシスタントになると通る道です。メイクアップの各セクションで試験がありますけど、つけまつげに関しても何カ月も練習をするんです。つけまつげって繊細な作業だけに本当に難しいんですよね。練習をしてそして試験を受けます。自然に付けられるか？とか、すばやく時間をかけずに付けられるか？を確認するテストがあるんです。それに合格しないと、次の項目に進めないので、本当に大変でした」

ブルゴデ（竹串）、ライ
ター（本人私物）

― 韓国メイク＝"竹串（ブルゴデ）"の
イメージがあります。コツはありますか？

　韓国アイドルたちのメイクアップ現場を映した映像なんかを
見ブルゴデ（熱した竹串）のテクニックを知った方も多いです
よね？　毎日メイクアップする中でやるには大変だと思います
ので、今回は触れませんでした。ブルゴデは主に束まつげを作っ
たり、細かい毛を修正したり調整したりするのに使っています。
今はブルゴテに代わる美容家電というか、ヒートアップされる
ビューラーとかそういったものが売られているので、そちらを
使うのもいいと思います。竹串を熱して使うのは、安価なのと
手に入れやすいアイテムというだけですので。ブルゴデを使う
際のアドバイスをするとしたら、触りすぎたりいじりすぎたり、
欲を出してはダメということですね。

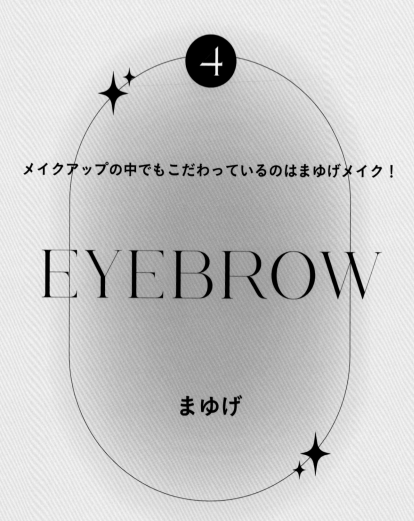

EYE MAKEUP

4

メイクアップの中でもこだわっているのはまゆげメイク！

EYEBROW

まゆげ

WJ 「まゆげメイクは全体的な印象とバランスを決める作業です。つまり、まゆげメイクはメイクアップの中でも重要なパートだったりします。まゆげメイクだけで一冊作れるくらい、プロの目線でいうと気にしなければならないポイントはたくさんあります。この本ではわかりやすいように、顔型別に似合うまゆげの形を紹介します。もちろん、顔全体のイメージもあるので、自分の目の形とか、顔立ちとかも考慮しながら、似合うまゆげの形を探ってみてください」

EYE MAKEUP

あなたはどのタイプ？
まずは顔型別に基本のアイブロウの形をレクチャー！

○顔
▽顔

細めのセミアーチはしっかりと描く
黒目終わりから点線を引いた上に眉山を作って細めのセミアーチを目指す。眉尻は長めにしっかりと形を作る。

顔の雰囲気で目頭より出すまたは内に入れる
目が寄っているなら目頭よりも眉頭が出ないように、離れているなら眉頭を鼻に近づけてまゆげを描く。

Rules

♥丸顔やエラ張り顔に似合う形は細めのセミアーチ♡
顔の丸さを細めのセミアーチで補正するイメージ。ちょっと眉山を作ってカーブを付ける。

♥平行眉は避けたほうがベター！
丸い顔に平行眉だと、横にどんどん広がってしまい、顔幅が広く見えてしまうので避ける。

♥眉尻もしっかりと描く！　そして細長く！
眉尻まで形をぼかさずに！　しっかり形をとって描くのがおすすめ。

♥エラが気になるなら絶対に角を出さない！
エラが張ってる、顔が角張っている人は、何をするにも角を出してはダメ！　眉山も作るのも NG です。

♥エラ張りさんはあまり外には描かず、目尻とつなげるイメージ！
輪郭の角張りからくる男性っぽいイメージ感を減らすには、ふんわり柔らかい感じで眉尻まで描くと◎。全体的に男性っぽいイメージを緩和できます。

○顔

眉頭はちょっと下げて
困り眉っぽい平行形に
困った平行眉が似合う
のでまゆげのスタート
位置を下げて描く。眉
頭を下げることで鼻自
体を短く見せる効果も
期待できる。

眉尻は長めに描き小顔に
錯覚させる♡
眉尻は長めに描いて二等辺
三角形を意識。底辺が長い
と、高さが短くなるという
論理で長めを意識しよう！

Rules

♥ 面長さんは横に横に！を意識して眉毛を描こう♡
平行に近い眉がよく似合うので、ちょっと下がった困り眉に。地面に合わせて平行を意識して描く
とちょっと下がった困り眉を描ける。

♥ まゆげの濃さはナチュラルでOK！
自分のまゆげに合わせて、自然な濃さで描くのがおすすめ。形は平行に抜けるようにすっと描く。

♥ "二等辺三角形"を意識！ 底辺が長いと短くなるという論理を覚えよ！
眉尻とアゴ先をつないだバランスで二等辺三角形を意識。眉が長いと眉尻とアゴ先の距離が短くな
るので、眉尻は長めに描いたほうがいい！ 必然的に顔が短く見えます。

♥ 面長さんは眉頭を高めにしない！
面長を感じる人は、鼻も一緒に長いことが多いので、眉頭を高めに設定してしまうと、鼻の長さを
強調することに……。眉頭は低めを意識。

WJ 「まゆげメイクって難しいと思いますが、まゆげを描く際に失敗しない方法があります。いきなりペンシルとかを使ってをまゆげを描き始めるのではなく、まずはごく薄い色のアイシャドウなどを使用して、ブラシでベースを描きます。使うアイテムはシャドウでもシェーディングでもなんでもいいです。まゆげ全体を均一に整えるイメージで、まゆげにしたいところまでをベースで描きます。そして、その後で毛が足りないとか、隙間があるなと思うところをペンシルで描き足すと失敗しにくいです。アイブロウパウダーとして売っているものは、私には色が濃すぎるのであまり使用しないですね。まゆげだからアイブロウパウダーを、目元メイクだからシャドウを使わなければならないという概念はないので、その時その場にあって最適だと思うものを使っています」

— アイブロウアイテムの色味の選び方を教えてください。

髪の毛の色と肌の色味を意識することです。明るいヘアなら髪色に合わせる。肌に赤みがあったりとか肌トラブルがある人は、赤みのあるカラーを使うと、それに引っ張られてしまうので避けたほうがいいですね。肌の色味に合わせるなら、ベースメイクが終わった後の顔の色味に合わせれば問題ないです。ただ、このルールを守る必要もないんですよ。メイクでなりたいイメージというのがあると思うので、目元を強調したいならまゆげを明るくしたほうがいいですし、メイクによって変えていますよ。

—お気に入りのアイブロウアイテムはありますか?

神アイテムにもランクインしたアイブロウペンシル。
ハード フォーミュラ ウォルナット ブラウン (シュウ ウエムラ)

シュウ ウエムラのアイブロウペンシルです♡ 髪色が明るかろうが暗かろうがこれ! これがないと仕事になりません!

—黒髪やしっかりしたまゆげであってもベースは必要ですか?

自分のまゆげの印象が強いなと思う人は、明るい色味を使ってあげることで "毛" という印象を中和できます。オレンジ系やちょっと明るい色味のアイテムがおすすめです。

色味はこれくらいのオレンジ色がベスト!
シングル アイシャドウ #14 トースト (本人私物/ボビイ ブラウン)

— まゆげを描く際に気をつけていることを教えてください。テクニック的なことはありますか?

グラデーションと左右の対称性です。あと、まゆげを描く時は極限まで力を抜いて、描いてるかわからないくらいの力で少しずつ描いていくことを意識しています。SNS で見るような線を描いてから、中を埋めていくという描き方は絶対にしません。眉毛の対称性が崩れると、顔の端正さがなくなってくるので、左右の対称性を気にしています。私も自分のまゆげを描く際には対称性を気にしています。そこが合っていると、まゆげ全体が整って見えるんですよ。簡単な方法としては、眉頭の高さを意識すると良いです。ただ、これは前髪のある人限定(笑)。前髪がない人は、眉尻までしっかりと描かないといけません。

— 小顔に見えるまゆげを教えてほしいです。

皆さん、鼻の始まりってわかりますか? 鼻の始まりってどこかわからないですよね? 例えば、顔の印象として鼻が長いなと思う人は、なるべくまゆげの始まりを気持ち下げる。そうすると鼻が短く見えるんですよ。それから、目と目がくっついてる求心系だと思うなら、眉尻のほうを濃くします。外にポイントを持っていって、集まってるなという印象を薄くしてあげます。逆に目が離れているなと思うなら、中心に少し寄せてあげるといいですよ。

Let's stud

MAKEUP ♡ Let's st

WONJUNGYO'S M

Let's study!! WON

MAKEUP ♡ Let's st

GYO'S MAKEUP ♡

NGYO'S MAKEU

WONJUNGYO'S MAKEUP ♡ Let's study!! WONJUNGYO'S MAKEUP ♡ Let's study!! WONJUNGYO'S MAKEUP ♡ Let's study!! WONJUNGYO'S

COLOR MAKEUP

カラーメイク

さてアイメイクがひと通り完成したら、＜リップ＞＜ハイライト＆シェーディング＞＜チーク＞のカラーメイクへと進行。リップとチークはアレンジもご紹介！ WONJUNGYO のテクニックで今日よりもっとかわいくなろう♡

「ここからは、カラーメイクに移ります。リップは細かく扱うと混乱してしまうと思いますので、今回はグラデーションリップと、オーバーリップを塗るコツを紹介します。そして、『またハイライト？』と思いましたか？ ここでのシェーディングやハイライトは光の反射によって立体感を出す作業です。ベース中に行ったハイライトは、骨格を補正したり肉の量を変える作業であって目的が違います。今から行うのは表面の話で、先ほどは奥行きの話ですね。チークもアレンジを3パターン。顔型別のチークの入れ方も展開してみようと思います」

カラーメイクの順番

COLOR MAKEUP

カラーメイクで華やかになるのはもちろんですが、
リップもハイライトもチークも
やっぱり顔の欠点を隠すのではなくて補正するための作業が大切です。

①

リップ

②

ハイライト &
シェーディング

唇が小さい人はオーバー
リップ。大きい人はグラデー
ションリップでかわいく変
身しよう。

ハイライトで光の反射を作
り出して、シェーディング
で陰影と立体感を完成させ
ましょう。

チーク

顔立ちと頬骨のあり・なし
は重要なポイント。チーク
のアレンジ3パターンとと
もに紹介。

COLOR
MAKEUP

メイクを楽しむことができるメイクの象徴！

LIP

リップ

WJ 「きっとリップメイクからメイクアップを始めた方も多いですよね。メイクに興味を持ち、最初に手にしたコスメはリップアイテムだった思い出はありませんか？　メイクをお直しする時もリップから始めることも多いですよね。リップメイクはメイクを楽しむことができるメイクの象徴だと私は思っています。そして一番よく手直しをする部分だからこそ、リップケアにも注意を払いたいところです。リップを塗る時は唇のコンディションが大切なので、私はケアをするということを一番に考えていますね。おすすめはウォンジョンヨのリッププライマー。このリッププライマーは化粧水を塗ったみたいに、上にのせたリップもつかんでくれるんですよ」

WJ 「マットリップを塗ると唇が荒れてしまうあるアイドルの方を担当した時、『あれを塗ってみてはどうかな？』とふと思い出して、開発途中のリッププライマーを塗ってみたら『今日塗ったあれは何？　いつもと違う♡』と喜んでくれて、そこからメイクをする際には、使用感だったり感想をいただいたりして、アイドルの方たちにも開発のお手伝いをしてもらったという秘話があります」

マットリップの接着剤♡　指でなじませて唇に吸収させてからリップをON。
ウォンジョンヨ モイストリッププライマー（レインメーカーズ）

オーバーリップ＆グラデーションリップ

LIP MAKEUP
~2 styles~

OVER
LIP
1

WJ 「リップメイクといっても、リップ選びから塗り方などたくさんあるのでいろいろ教えたくなって しまいますが、『唇のお悩みってなんだろう？』と考えた時に、唇の大きさなどに悩むのかな？と。 そこで今回は唇が小さい人はオーバーリップ、大きい人はグラデーションリップの人気の2大リップアレ ンジ術とちょっとしたコツを紹介したいと思います」

ぴたっと固まるのではなく
ぼかせるアイテムをチョイス！

1 OVER LIP
オーバーリップ

唇をきれいに大きくしたい人は、スキントーンで若干ブラウンみの あるリップを選ぶと自然に。しっかり輪郭を取りたい、リップの持 ちを良くしたいならリップペンシルを使うのも◎。

HOW TO

2色をMIXしブラシで薄く全体に塗 る。唇の山に少しだけオーバーにちょ んちょんと位置取りし、全体とつなげ る。この山が平らになりすぎないよう に注意しながらぼかす。

上唇の口角がきゅっと入り込んだ部分 は、唇から少しはみ出させて塗り、色 がわずかにのぞくくらいを意識すると ◎。下唇も同様に少しはみ出させてブ ラシで薄く塗る。

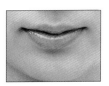

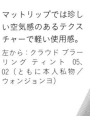

After

Before

マットリップでは珍し い空気感のあるテクス チャーで軽い使用感。
左から：クラウド ブラー リング ティント 05、 02（ともに本人私物／ ウォンジョンヨ）

LIP MAKEUP
~2 styles~

FROM WONJUNGYO

GRADATION
LIP

濃い色、薄い色の順でより
自然にかわいく仕上がる♡

2 GRADATION LIP
グラデーションリップ

唇は「この辺までの大きさが良かったな」と思う場所に濃い色を
塗り、その外側を明るい色でぼかすと簡単。グラデーション感を
より出したいなら広げるのではなく、内側を色濃くしていこう。

HOW TO

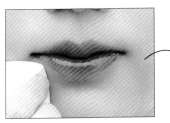

コンシーラーなどをスポンジを使い
唇と肌の境界線をぼかす。境界を一
度なくしてリップラインを隠して塗
り始めるのが大切。

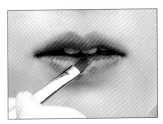

彩度が高いものを内側に ON。慣れてい
ないほど量でグラデーションを作ろうと
しがち。量が増えると難しくなるので、
使う量＝1滴という感覚！ 自分が思っ
ているよりも少ない量で OK と心得よう。

After

Before

使い勝手の良いコーラ
ルピンク。どんなメイ
クとも相性がいい。
クラウド ブラーリング
ティント 05（本人私物
／ウォンジョンヨ）

POINT!

グロスは唇のサイズを気にして使用！

WJ 「唇がすごく大きかったり厚かったり、口元が
前に出てるのが気になる人は、グロスの最終工
程は避けたほうがベターだったりします。逆に小さい
方は使ってください。グロスは塗ると唇がつやっとし
て光るので視線を集められるアイテムなんです」

なめらかにのびてムー
スのような軽い付け心
地と潤いが続く。
M・A・C パウダー キ
ス リキッド リップカ
ラー モア ザ メア イア
（M・A・C）

ネガティヴな部分に
視線を集めないための大切な工程

②

HIGH-LIGHT & SHADING

ハイライト＆シェーディング

(WJ)「コンシーラーのハイライトではトーンは明るくして立体感を出しましたが、今度はここでツヤを与えます。"表面で光るツヤ"です。そして次にシェーディング。これは顔のお肉を減らす工程です。お肉のボリュームは減らせますがシェーディングで骨は削れないんです。その人の骨格を変えることはできない。つまり小顔にすることはできないんです。だから、シェーディングはお肉で少しもたっとしているな、と思う部分をさっと触るくらいで十分です。なぜなら会話をしている時に、その人の鼻がすっと通って、ハイライトもきれいに入ってて、目が、まゆげがきれいだったら、『あの人頬骨がすごい……』とか、『エラがめちゃくちゃ張ってる……』とか気にならなくないですか？　私のメイクの哲学としては、骨は削れないので、鼻とか、顔の凹んでいるところとかをきれいにして、ネガティヴな部分に目を行かなくするということになってくると思っています」

HIGH-LIGHT
ハイライト

コンシーラー×パウダーの共演でさらなる立体感を！
自分の肌トーンに合わせて自然なツヤを♡

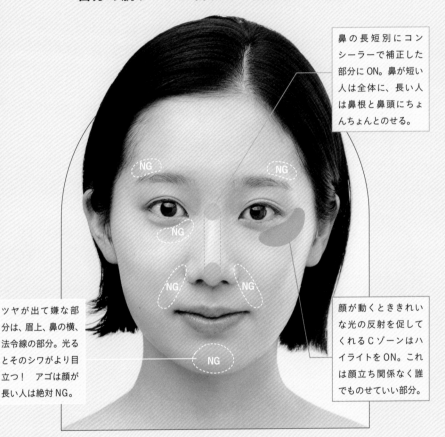

鼻の長短別にコンシーラーで補正した部分にON。鼻が短い人は全体に、長い人は鼻根と鼻頭にちょんちょんとのせる。

ツヤが出て嫌な部分は、眉上、鼻の横、法令線の部分。光るとそのシワがより目立つ！ アゴは顔が長い人は絶対NG。

顔が動くときれいな光の反射を促してくれるCゾーンはハイライトをON。これは顔立ち関係なく誰でものせていい部分。

Ｗ Ｊ 「ハイライトっていろんな色があって、『結局どれを選べばいいかわからない……』と思っている方もいらっしゃいますよね？　私はハイライトを選ぶ際、肌から出てくるツヤだったり、肌のトーン（色白か色黒か）を見ています。顔に塗った時に、『ハイライト入ってる』と位置がわかるものではなく、肌になじむものがベストです。色白ならピンク系で、色黒ならゴールド系の自然なもの。ハイライトは色を出すものではなく、光が反射した時にハイライトが持つ雰囲気の色が出るものなので、色白の方のほうが使いやすいとは思います。いろんな色のハイライトが販売されていますが、パウダーの色の選び方のように『黄みが気になるのでピンク！』ではなく、自分の肌のトーンをよく観察して選ぶと良いと思います」

SHADING
シェーディング

シェーディングはお肉を減らす作業。骨を削る作業ではない！

WJ 「次にシェーディングについてですね。シェーディングは全員に必要な作業ではないんです。本当に
効果がしっかり得られるのは、顔にふくふくお肉が付いてるタイプ。シェーディングで骨は削れない
とお伝えしましたが、肉のボリュームを減らすことはできても、骨格自体を変えることはできないんです。
それに骨や輪郭の形が変わって見えるまでシェーディングをすると、土がついているように見えてしまいま
す。頬骨が気になるからと、頬骨中心にしてしまうと『なんか付いてるよ！』と韓国では言われてしまうん
ですよ（笑）。日本には横から見た時に"3"を描く"3"のシェーディングセオリーがあったりするんですか？
韓国には"3のセオリー"はないですね。少し埋めてあげて顔をふっくらさせたり、抑えてあげたりはしますが、
"出てるところに入れる"という考えはないかもしれません」

顔型別・基本のシェーディング位置をチェック！

◯顔

正面から見た際に、横の余白を
埋めていくようなイメージで左
右の顔にささっとのせる。

◯顔

面長さんは、顔の上下に入れ
て顔の長さをカバー。ヘアラ
インの部分を埋めて、アゴ先
に少し影感を足します。

▽顔

丸顔と同じく余白を埋めるよ
うに全体に。横から見た時エ
ラ部分が浮かないよう、色の
差が目立たなくなるように首
も含めて全体的にON。

SHADING
~3 Tricks~

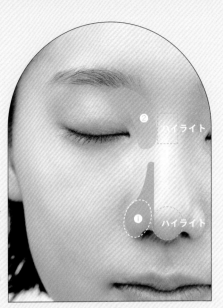

ハイライト
ハイライト

小鼻を削って鼻を
しゅっと高く見せる！

まず、小鼻に丸く（小鼻を小さく見せるため）入れ、上に向かってぼかしていきながら、眉頭下へ。ポイントを置く場所としては2カ所。①小鼻、②眉頭下。それでも鼻筋が出てこないならハイライトを鼻根に。鼻が低いなら鼻先にもON。鼻筋全体に入れるのは昔の話。鼻の中間にまでのせてしまうとすごく不自然になるので注意。

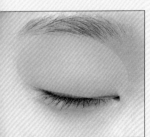

トーンを抑えて目元のむくみを
軽減させ涼しげな印象に。

自分の肌のトーンより1～2トーン暗いファンデーションをチョイス。これは顔全体に塗ってもおかしくない色味のものを、眉骨の下から、目の玉を感じるアイホール全体に薄く塗る。これで色を出そうとか、全体的に陰影を作ろうとするものではないです。目がむくみ気味だなと思ったら、この方法で対処してからメイクをすると◎です。

アイドルはほぼ必須♡
口角を上げてきれいな笑顔に♡

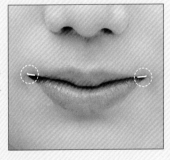

口角が下がっている場合、まずコンシーラーで下唇の両サイドを必ずきれいにカバー。口角が下がっているとここに影があるので、しっかりと明るくする。そしてアイシャドウでも、涙袋とかの影ライナーでもOKなので、口を開けたところ（上唇と下唇が合わさるところ）にちょっと上斜めを意識して、チョンッとラインを描いてぼかす。欲張ったら絶対NGです。本当に少しだけチョンで口角が上がって見えます。

Ⓦ「私のシェーディングの意味は、影を入れて色で削って小顔を目指すという感じではなく、やらないよりはやったほうがいいですよ、というレベルです。私のシェーディグはほぼ色が付いていないと、この撮影でも言われました。目がむくんでいる、口角を上げて見せる、鼻の形を変えるシェーディングはしますが、顔の輪郭を補正するための、という概念ではあんまりやっていないんです。例えば『この顔のキャンバスに対して唇が小さい』だったら、シェーディングで顔を削るよりも、唇を大きくしたほうが顔が小さく見えますという話なんです。シェーディングで顔をゴリゴリ削らなくていいという全体のバランス感を考えています」

チークは色を足すものではなく
顔の欠点を補正するもの！

③

CHEEK COLOR

チーク

Ⓦ 「チークは顔に色を足すということよりも、顔の欠点を補正するためにチークを使うということを
考えています。例えば、頬のお肉が前に付いているなら、チークでそのお肉を引っ込めるんです。
ちょっと頬骨が出てたり角張っていたりするなら、教科書にあるようなチークは斜めにのルールは NG で
す。これでは頬骨ごと前に出てきてしまうので、逆に『私の頬骨はここです』と目立たせてしまうんです。
だから、顔立ちに合わせたり、目の形を見てチークの使い方を変えています。また極度に顔が赤い人、肌
の色がすごく赤っぽい人は、時間が経ってメイクがだんだんと薄くなってきた時に、自分の肌の赤みが出
てきて、リンゴ頬のようになってしまうのでチークは使わないほうがいいと思っています」

Ⓦ 「昔はふっくらしたチークブラシを使っていましたが、大きい筆だとファンデーションもハゲ
てしまいますし、粉含みがいいので、肌にのせたときにペタッとスタンプを押したみた
いに付いてしまうんですよね。最近はほんのり付けていくチーク感が好きなので、白鳳堂さんの
ものをチョイスしています。チークを置いたところがすべて顔になるので、大きい筆より自分が
入れたいところにピンポイントで入れられるほうがいいです。顔の形は関係なく、チークの発色
感を調整できるブラシが良いと思っています」

最近はほんのりチークをのせたいので薄い筆が好き。
扇つぼみ F6410（白鳳堂）

顔型別・基本的なチークの
塗り方をレクチャー♡

○顔　□顔

ふわっと逆三角形＆チークでシェーディング感覚
顔に肉が付きやすい、頬骨が前と横に出ている顔は、彩度高めや明るい色を使うと頬がもっと前に出ている印象になるので、抑えめカラーを使用する。ベージュやローズ系で自然な血色感程度のものが◎。パール入りはNG。抑えたカラーを使用すると、頬が凹み鼻が高く見え、錯覚効果で顔全体が引き締まる。ふわっと逆三角形でのせるのもポイント。

○顔

顔が長い人は横に切って顔の距離を短縮！
常に横長に入れるイメージ。そして、本当にすっと軽く、日焼けチークほど塗るのではなく、鼻をまたいでチークを入れるとパツッと顔が切れる印象になり、顔が短く見える。1色で濃淡を付けても、目の下にちょっと明るめの色、高彩度の色を使ってもきれいです。使うチークの色味は肌トーンや好みで。中顔面長めの人も入れ方は同じでOK！

つり目

余白を埋める感じでにじませるようにON！
目がきゅっと上がっているタイプは、チークを下の方までつなげると視覚効果でタレ目に見せられる。顔が長いのに、目まで上に向いているともっと顔が長く見えてしまう。「ここまでチークです」ではなく、にじませるように血色感のある「ほんのリチークです」感が絶対です！

タレ目

チークで顔全体をきゅっと引き上げるイメージ
つり目とは逆でチークを目尻辺りから斜めにON。斜めに塗る際は、付け足さず必ず筆に塗ったチークの残量で触る程度。人が見た時に、ここにチークが入っているとわからないくらいの薄さで。また、目元のシャドウとつなげるイメージで、目尻の下の部分だけチークを極薄くのせるのがポイント。

FROM WON JUNGYO

CHEEK COLOR
~3 styles~

チークの入れ方とアイテムの使い方次第でこんなにも印象が変わる！
印象別３アレンジを紹介！

\ 内側からにしみ出るような自然な血色感♡ /

1/NATURAL

頬骨の部分にチークを ON。顔の形をなぞるようにナチュラルに。鼻先には入れない。

鼻より下にはチークを持っていかないように。鼻の下まで塗ってしまうと顔が長く見えてしまう。そして、アイライン終わりより外側にはチークをのせない。

ピュアな血色感をかなえるチーク。
ロージー グロウ 012（パルファン・クリスチャン・ディオール）

細かいパウダー感で肌になじみやすい。
フラワーノーズ ストロベリーロココシリーズ チークブラッシュ 01（ブリリアントプラス）

白が少し混じっているようなピンク感がかわいい。
フラワーノーズ ストロベリーロココシリーズ チークブラッシュ 04（ブリリアントプラス）

筆のスタートは高いところから！　アイシャドウの終わりから頬骨を通り、頬正面までをつなげる。

目とつなげると顔の形も補正され、目尻にも色がのり、顔がさらにきゅっと引き上がって見える効果も。

平たくて薄い、毛質の柔らかいブラシを使って"面"でチークをのせるイメージ。

\ マットな質感&斜め入れでクールに /

2/CHIC

\ バーム×クリームチークのツヤで初々しく /

3/SWEET

笑ったときに一番高くなる部分が最も濃くなるよう ON。そして上の方に向かってぼかしていく。彩度の高いホットピンクで、みずみずしく生き生きした印象に！

このチークはマルチバームのようなものを MIX して使うのもおすすめ。
上から：グロー プレイ ブラッシュ ロージー ダズ イット、グルービー（ともに M・A・C）

目の下にだけ塗ると軟膏を塗ったようになるので、いろんな角度から見ても自然なツヤに見えるよう、バームを指で薄く全体的にのばす。

リップアイテムもツヤを出したい際にはチークとして使用。
ブラットリップス 921（Ameli）

BANJJAG

BANJJAG

BANJJAG

WON

BANJJAG
BANJJAG
BANJJAG

NGYO

KOREA MAKEUP BOOK

WONJUNGYO

× SEIRA

반짝반짝
BANJJAG BANJJAG
MAKEUP

반짝 MAKEUP 반짝

Ⓦ）「ヌーディなカラーで、質感のあるスタイリングだった
ので、メイクは色味に力を入れました。チークとリップ
をコーラルにして色味を大切に仕上げています。服の透明感と
か衣装のツヤ感を最大限に生かすために、肌も水が滴るような
ツヤツヤ感を表現したかったので、ツヤ出しのオイルバームみ
たいなものを使っています。全体に使うとギトギトしちゃって、
表情ジワまで目立って汚くなるので注意が必要です。だからと
いって、ポイントだけに塗ると軟膏を塗ったみたいになって浮
いてきてしまう……。オイルを扱う際には、手の温度で溶けて
下のベースまで崩れてしまうのでブラシを使います。薄く満遍
なく付けて、少しずつチークのようにぼかします。目頭から目
の下、頬骨を通って自然なツヤを演出してパンチャクパンチャ
ク（キラキラ）したイメージにしています」

WONJUNGYO

KOREA MAKEUP BOOK

WONJUNGYO
× SEIRA

일상 ILSANG MAKEUP

「基本のベーシックなメイクは、きれいにナチュラルに見せようと思って、肌の表現に気をつけました。せいらさんは、どちらかというと肌が暗めのタイプなので、そこにいきなり明るいものをのせてしまうとグレーっぽくなってしまうと思い、このベーシックスタイルでは自然に明るく見えるように心掛けました。輪郭の外側にはワントーン暗い色、でも中央はワントーン明るい色を使い、肌を立体的に仕上げています！ このメイクはナチュラルで日常にぴったりなので名付けて"일상（イルサン）メイク"です」

Secret

WONJUNGYO'S
WHOLE SELF

Memories

FAVORITE
PRODUCTS

✳

SEVEN GOD'S
ITEMS

✳

INTERVIEW

✳

HISTORY

✳

DIARY

✳

50/50

❝黒は強すぎるがそれよりは自然に、でもしっかりと濃さは強調したいときに良い。アイラインの下描きやぼかしをする際によく使っています。❞
アイシャドウ ブラックプラム（本人私物／ボビイ ブラウン）

❝濃すぎないブラウンが好き！「ラインを描きました！」という感じがなく自然に目をはっきりさせたい時によく使います。❞
アイシャドウ リッチブラウン（本人私物／ボビイ ブラウン）

ウォン・ジョンヨの
WONJU

FAVORITE

メイクアップでよく使う
幅広いセレクトで気に

❝黄みのない陰影カラーです。アッシュ系の陰影を付けたい時によく使うアイシャドウです。❞
スモール アイシャドウ ウェッジ（M・A・C）

❝みずみずしく、ツヤがきれいなので、撮影で肌のツヤを生かしたい時などに使用しています。❞
デイリーモイスチャー グロービーム 桃色（本人私物／3CE）

❝濃くも薄くもないブラウンとゴールドパールが絶妙できれいです。ラインや陰影を付ける時に出番が多いです。❞
NARS ハードワイヤードアイシャドー 5337（NARS JAPAN）

"" いろんなピーチカラーのパレットはある
が、これは塗ると華やかになるのでよく
使います。色がきれいなのが良いです。""
アイヴィーガンシアーパレット 03（ア
ミューズ）

お気に入りプロダクト

NGYO'S

PRODUCTS

"" とにかくパールがき
れい。自然なキラキ
ラ感を出したい時使
うことが多いアイ
シャドウパレット。""
アイヴィーガンシ
アーパレット 01（ア
ミューズ）

アイテムをご紹介。

るものばかり！

"" 暗めの色にはなるが
ベースとして使った
ときくすまない。目
元の修正をする時に
色がちょうどいいの
でよく使っています。""
レイヤードカバーファ
ンデーション 25Y（本
人私物／ネイミング）

"" きれいに発色してくれるハイライ
ト。細かいポイントに使った時、
その部分だけが浮き出て見えるこ
となく、自然になじんでくれます。""
ハイライター 01（本人私物／グリ
ント）

"" 暗すぎない色がとてもきれいで使
いやすい。一番上の明るい色が下
まぶたメイクに最適なんです！""
レ ベージュ パレット ルガール
ウォーム（本人私物／シャネル）

1

このビューラーは細かいところの
まつげまでをも挟んで上げられ
る！ まつげメイクの必需品です！

ハーフ ラッシュ カーラー（本人私
物／M・A・C）

2

暗い髪でも明るい髪で
も使える、アイブロウ
ベースのペンシル。こ
れなしでは仕事ができ
ないほどの一品です。

ハード フォーミュラ ウォ
ルナット ブラウン（シュ
ウ ウエムラ）

3

このブラシは7年ほど使ってい
ます。リニューアルしてしまっ
て同じ形は廃番になってしまい
ました。フラットでブラシの先
が四角になっているので、思い
通りにきれいに塗れます。

コウォンヘ リップブラシ（本人私物
／マステプ）

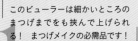

神セブン

SEVEN

ITE

WONJUNGYO

仕事になりません…

マストな七

4

まぶたの皮脂をしっかり
と抑えてくれるので、ア
イドルの舞台メイクには
マストなアイテム！

アイシャドウプライマー
ポーションオリジナル（本人
私物／アーバンディケイ）

アイテム

GOD'S
MS

「これがないと
という仕事をするうえで
道具を披露。

ツヤ感が良い。ハイライト、白、
ピンク、ゴールドといろんな色
があって、混ぜて使ったり単品
で使ったりと多様な使い方がで
きるところが気に入っています。

6

ディオール バックステージ フェイ
ス グロウ パレット 001（パルファン・
クリスチャン・ディオール）

昔はリップバームを
塗って15分後に拭き取
るなどして対応してい
ましたが、これを作っ
てからは絶対にこれし
か使いません！

ウォンジョンヨ モイスト
リッププライマー（レイン
メーカーズ）

MOIST LIP PRIMER

W

cotton contour.

鼻のシェーディングのためのア
イテム。黄みも赤みもグレーみ
もなく、適度に自然な陰影感が
付けられるのでよく使います。

5

コットンコントゥア スモークヘーゼ
ル（本人私物／ミシャ）

7

WONJUNGYO のこれまでとこれからの話

INTERVIEW

— メイクアップアーティストを目指したきっかけは？

小さい頃からおしゃれやメイクをすることが好きでした。人にメイクをできる仕事があると知った時から、メイクさんになりたいと思うようになったんです。

— キャリアをスタートさせてから苦労したことはありますか？

最近は下積み時代やデビューしたばかりの頃の記憶をよく思い出します。特にアシスタントの頃は若かったので、メイクの仕事を始めた熱意にあふれていて、一つ教えてもらうにしても新鮮で刺激的でした。怒られて泣いたこともたくさんあります。アシスタント時代が終わって人にメイクができるようになってからすぐは、本当にお金がなかったですね。いわゆる無名時代です。家賃も携帯電話代も払えないような状態でしんどかったことを覚えています。韓国のハイクラスな人たちが住むといわれる清潭洞（チョンダムドン）という街で暮らしていましたが、私は満足な生活ができない状況で……。自分にはこの仕事が向いていないんじゃないかと悩んでいた時期だったと思います。

— これまでの仕事で忘れられなかった出来事は？

いろいろありますが、2019 年にヘアメイクサロン『Bit & Boot』を立ち上げたこと！　書類作成やお店の空間デザインなどの準備を、メイクの仕事をやりながら進めていくことが大変でした。でも、2008 年にこの仕事を始めてから 11 年後に自分のお店を持つことができたのは、すごく忘れられない出来事です。

— アシスタント時代のエピソードを教えてください

サロンに入ったらすぐメイクについて学べるかと思っていましたが、3カ月間は床の水拭きやウォーターサーバーの交換など雑用ばかりでした。人の顔を触る仕事なので、先輩の技法を慎重に見ておく期間を設けているからなのだと思いますが、熱意を持って入ってきた人にとっては、メイクをしたいけど我慢する日々が大変だったと思います。私自身は、接客業として明るく挨拶をするのが得意ではなかったので、そういう部分を直して仕事に適応させていくことが大変でした。

— 新しい技術やアプローチはどこから生まれていますか？

どうしたら女性がかわいく（きれいに）見えるかを常に考えているので、メイクに関してはふと浮かんでくることがあります。例えば顔が小さくてパーツの比率が整っているから、かわいく見えるのであれば、どういう要素が顔を小さく見せるかを考える。そしてそれをメイクで表現するにはどうするかを考えるんです。でも同じ顔の人はいないので、そのテクニックを適用したとしても全員が似合うとは限らない。だから人の顔に合わせてどこを生かして、どこを隠すかを考える。その時間がすごく好きです。もちろん感覚的にメイクをするのも大事だと思いますが、アートだけを追求してその人に似合っていなかったら意味がないので、まずはメイクできれいにすることを優先する。そのうえで、必要ならアーティスティックな要素を足してもいいのかなと思っています。

— 昔の自分にアドバイスできるとしたら？

アシスタント生活が終わる頃「いつまでにデビューして、まずは〇〇をかなえる。もっと稼ぐためにこれはやっておく！」という気持ちがありました。今振り返るとそんなことは考えずに、純粋に仕事を楽しんでいればもっとスムーズにできたこともあったかなって。欲を出したり計算しすぎたりした結果、遠回りしてしまったのかなと思います。だから昔の自分には「とにかく楽しんで！」と伝えたいです。

— 自分の成長のために続けてきたことはありますか？

これは人と違うと言えるのは、"自分がやったことに対して満足しているかどうか"です。今、自分のアシスタントたちを見ていても、上達が早い子と遅い子との差はそこにあると思っています。仕事で誰かに施したメイクに対して「完璧！かわいい！」となる人もいるけど、私は今でも「目がかわいくできたけど眉はちょっと惜しかった」など、次への改善点が見つかるばかりです。もうちょっと良くなるってポイントを探し続けているから、技術が向上するし、成長をもたらすかどうかの差を生む気がします。技術職なので、毎日現場に出てメイクをすれば、ある一定のレベルまでは自然とワザは身に付きます。そこから改善点を見つけるかどうか、魂を込めてやるかどうかで、その人の仕事が成功するかが変わると思います。

— メイクアップアーティストを目指す人にアドバイスするとしたら？

本当にメイクが好きかをもう一度考え直してみてほしいです。ラクな仕事ではないので、ハードな日々に耐えられるほど自分がメイクが好きかどうか。もっとラクに稼げる仕事はたくさんあるんです。「なんかメイク好きだし〜」って気持ちでこの世界に入ると絶対途中でやめることになります。誰かにメイクをしてあげた時に、その人がきれいになって変わっていく姿を見て心がワクワクする。それを感じる人だけが続けていける世界であることを伝えたいです。

— 生まれ変わってもメイクアップアーティストになりますか？

はい！　今の仕事には本当に満足しています。ルーティンワークのようにどこかに閉じ込められて同じことを繰り返す仕事より、こうやって毎回変化があって動き回る仕事が自分には向いています。家賃が払えないような苦しい時代もあったけど、それでも楽しめているからすごく合っている気がするんです。オフの日に遊ぶ時間も好きだけど、仕事で楽しめるかはとても大事。自分の感性や心が躍るほうを常に選択して仕事に就ければ、きっといいですよね。

― メイクをするうえで、似合う色の見つけ方はありますか？

その人の肌のトーン、その日着る衣装や髪色、どんな雰囲気にしたいかなど、いろいろな要素から判断しています。イエローベース、ブルーベース問わず、その日の状況に合う色を決めていくんです。今はパーソナルカラーが流行っていて、自分に似合う色を理解している人も多い分、「私はブルベだからこの色しか似合わない」と決めつけている人も多いと思います。でも、髪色によってパーソナルカラーでも合わない色はあります。自分の印象に影響を与える要素が他にもたくさんあるので、パーソナルカラーで決めつけないようにすることが大切です。

―「涙袋メイク」はどうやって生まれたのでしょうか？

女性のどこをどうしたらかわいくなるかを研究していた時に、目の下を明るくしたらかわいく見えることに気づいたんです。「涙袋メイク」という言葉やその概念がなかった時代から、ずっとやり続けていました。私の涙袋メイクは、TWICE のおかげで大衆に知られたことだとは思いますが、以前からずっと自分のチートテクニックとして使っていました。

― ご自身にとってメイクの存在とは？

自尊心を確認できるものです。メイク以外のことはよく知らないし、できることも少ない。逆にメイクに関する話は声が大きくなるし、自信を持って話せます。誰かにメイクをしている時こそ、自信であふれていると思います。

― 今後の目標を聞かせてください

私は自分のメイクに対する熱意や技術を周りにだんだんと認めていただき、アイドルのメイクを任せていただけるまでになりました。現状には満足せずに、まずは自分の本業であるメイクアップアーティストとして地に足をつけてこれからも地道にがんばります。そのうえで、皆さんが愛してくださるコスメブランド『ウォンジョンヨ』も、期待を裏切ることなく良い商品を出し続けたいです。

HISTORY

✳ Baby (赤ちゃん)

3歳上の姉と8歳下の弟の間に生まれた次女です。1歳の時に体格優良児として表彰も受けたくらい、体格の良い赤ちゃんでした。顔も目も丸くて実はベビーモデルにスカウトされたこともあるのですが、アイドル的な愛嬌がなかったので引き受けなかったみたいです（笑）。

◁お姉ちゃんと家の近くの公園に行ったときの一枚。この頃のお姉ちゃんは優しかったなぁ（笑）。

◁お母さんに撮ってもらった幼少期の写真。せっかく伸ばして結んだ髪も、ヘアゴムをすぐ引っ張ってほどいちゃうので、あきれて髪を短く切られたみたいです（笑）。

✳ Childhood (幼少期)

ひとりでいるのが好きだったらしく、小さい頃から人と一緒に過ごしたり集団行動をするのが苦手で、周りの子よりはちょっと変わった性格だったのかもしれません。幼稚園でもみんなと遊んで「わー！」と、はしゃぐ子ではなかったみたい。

◁お姉ちゃんとの2ショットはたくさんあります。おとなしく座っているけど、結構ひょうきんな子供でした。

▷小さい頃から絵を描くのが好きでした。写真は、敬老の日におばあちゃんに書いた詩とイラストです。

△幼い頃にバレリーナに憧れていた時期があって、家族の前で開脚ショーをしています（笑）。たぶん8歳くらい！

✳ Junior high school student (中学生)

勉強が得意ではなかったので、両親が私の好きなことをやらせようと美術の塾に入れてくれました。中学2年生から高校を卒業するまで習っていたと思います。そこで水彩画を描いたり、モチーフのデッサンを練習していました。

✳ High school student （高校生）

ん〜。ほとんど入試の準備をしていた記憶しかないです！

✳ University student （大学生）

反抗期の到来です。当時、私はソウルの大学に進学したかったのですが、両親は家の近くにある国立大学を希望していました。ソウルの名門に行ける学力もなかったので、結局地元の大学に通うことに。そこからはソウルの大学に進んだ友達に引け目を感じたりして、自暴自棄になっていました。学校に行くふりをしてソウルに遊びに行ったりと、現状が嫌で逃げている状態だったんです。だから学年での成績も下から数えるほうが早いくらい。でも「私にはメイクアップアーティ

△21歳の時に、叔母の家に行くバスの車内で撮りました！

ストになる夢があるから大丈夫！」と虚勢を張っていたと思います。でも、4年で卒業しないとメイクの道には進ませないと両親に言われ、今までやってこなかったことを後悔しながら、ギリギリで単位を取ってなんとか卒業しました。

✳ Assistant （アシスタント時代）

メイクスクールに半年通った後、ヘアメイクサロンに入社しました。韓国では、一つのところで4年間働くとプロの道が拓けてくるのですが、私は最初のサロンを途中で辞めたので、2社目でまた同じカリキュラムをやり直すことになり、計5年経ってから国家資格を取得してアシスタントを卒業しました。幼い頃からメイクさんになりたくて、地元に戻るとしても何か大きなことを成してから帰りたいという気持ちがあったので、すごく大変な時期も逃げずに踏ん張ることができました。

△アシスタント時代はだいぶふっくらしていますね（笑）。ドラマの仕事で出張が多くて、本当にいろんな場所へ行きました。その頃は見るものすべてが新鮮で楽しかったです。

✳ Professional debut

（プロになってから現在）2008 年〜

収入が少ない時期が１年半も続いたこともあって、プロになってからも全部の仕事が楽しかったわけではありません。ただ、しんどいと思う中でも、楽しい瞬間はちょっとずつ見つかるものなんですよね。こうやって仕事をもらえている今でも緊張感は常に持ち続けています。競争相手よりも一歩前にいて、これからも私自身の技術を発展させ続けていかないと、と思っています。

◁ 2012 年にドラマの現場で撮っていたセルフィー。今と比べると少しあどけない感じがしますね。

◁ 20 代後半に出張先で泊まったホテルで。きれいな場所だったのでうれしくなって撮りました。

△これも新人時代に MV のセットで撮ってもらった一枚。これ韓国なんですよ！　すごく素敵なセットだったな♡

▷『リトル・マーメイド』のアリエルに似ているオブジェと。2012 年くらいですね。ドラマの撮影で出張に行った時に撮った思い出の一枚です。

▷出張中のメイクルームでのセルフィー。なつかしい 20 代後半の新人時代ですね。

2019 年 美容室『Bit & Boot』設立

2015 年くらいから自分のヘアメイクサロンを持ちたいと考えていました。その時にちょうど、『SIXTEEN』という JYP エンターテインメントのサバイバルオーディション番組で出会ったヘアスタイリストさんが、一緒に事業をやらないかと私に声をかけてくれたんです。それが『Bit & Boot』の現代表です。私は元 miss A のペ・スジさんのメイクを担当したことで周りに評価されるようになっていた頃でした。TWICE のメンバーにも私のアシスタント時代の写真を見せたことがありますが、雰囲気が違うのでいつも驚かれます（笑）。

やっと休みが取れたときに、ずっと行きたかったカフェへ。休日にはカフェに行ってまったりするのが好きなんです。

Now

WONJUNGYO の日常をチラ見せ！

DIARY

つるとんたん

日本に来ると必ずといっていいほど『つるとんたん』に行きます。大好きなお店の一つです！

済州島出張中

珍しくポニーテールにした時。担当していたアーティストから「髪を結んだ姿が見たい！」と言われてやってみました。

家族旅行

アーケードゲームも好き。家族での旅行先で、年がいもなく大喜びで乗って遊びました（笑）。

家族でカフェへ

故郷の江原道（カンウォンド）の春川（チュンチョン）にあるカフェ。帰省した時に家族と行って、久しぶりにゆっくり過ごしました。

大好きな Nintendo Switch

長時間の飛行機移動がつらくて、暇つぶしに買ったのですが大ハマり♡　なくしたり壊れたりしても大丈夫なように、本体やジョイコンのストックまでも予備を揃えています（笑）。Nintendo Switch のおかげで、退屈な移動時間がむしろ楽しみになりました！

ハワイ旅行

アサイーボウルが大好きなので、ハワイに行った時には"1日1アサイー"していました（笑）。アサイー LOVE ♡

Secret

WONJUNGYO にとことん迫った 50Q&A をお届け！

50/50

❶ 無人島にコスメを1つ持っていくなら？
『ウォンジョンヨ』のスキンパック。

❷ メイクポーチに入っているものは？
リキッドアイライナー、ノーズ用のシェーディング、アイブロウ、涙袋コスメ。

❸ バッグに必ず入れているものは？
長距離移動の日は、かさばるし重いけどプリオの充電式フットエアーマッサージャーを持っていきます。

❹ メイク初心者が最初に買うべきアイテムは？
リップ。失敗することなく簡単に試せると思います。

❺ アイドルメイクとデイリーメイクの共通点は？
「華やかでかわいく見せたい」という部分は同じ。例えば重苦しく見えやすいクマや色素沈着も明るくすれば目元が華やかになる！

❻ 朝起きて初めにすることは？
スマホを見る。寝ている間にも仕事の連絡が来るので、急ぎで返信するものがないか確認します。

❼ 一日のルーティンは？
1カ月ぶりに一日休みだった時は、15時に起床、16〜17時で新人の面接、18時に夕食、それ以降はサンプル品のチェックや部屋の整理をしていました。

❽ セルフヘルスケアの方法は？
元々体が丈夫みたいです。トッポギとアイスアメリカーノがあればOK（笑）。

❾ 忙しい日のスケジュールは？
夜中の1時に仕事を開始して、朝4時から撮影をスタートさせる日！

❿ ストレス解消法は？
好きなものをたくさん食べること。気の合う人と話すこと。

⓫ 思い出に残っている国は？
アメリカのN.Y.。公演場所とホテルを行き来するスケジュールでしたが、空いた時間でコスメ専門店に行っていろいろ買えたことが楽しかったです。

⓬ 普段からコスメはたくさん買いますか？
その国ならではの発色や質感のコスメがあるので、ツアー中に時間ができたら、行った先でコスメを探しに行きます。

⓭ コスメを買う時の基準は？

韓国には売ってないもの。

⓮ まつげパーマやつけまつげはする？

自分がお客さんとしてヘアメイクサロンに行ったら頼みません。元々まつげが濃いので、つけまつげをすると目元が重くて怖く見えてしまうんです。

⓯ 肌のきれいな人の基準は？

肌のトーンと透明感、そして弾力がある人。肌色が白い人はいるけど弾力がある人は少ないんです。

⓰ YouTube ではどんな動画を見ますか？

サムネでかわいいものを選んでいます。コラボした方はもちろん、それ以外は最近だと SAKI SAITO さんの動画を見ました。

⓱ YouTube コラボで印象に残っている人は？

YouTuber・マリリンさんとのコラボです。かわいいアイドル系メイクをオーダーされることが多いですが、マリリンさんはシックなメイクに挑戦したので思い出深いです。

⓲ TWICE のメイクアップアーティストになった経緯は？

miss A のメイクを担当していた流れで、オーディション番組『SIXTEEN』のメイクを担当したことがきっかけです。

⓳ メイクアップアーティストに必要な素質は？

センスと審美眼。良いものを良いものだと見極められることが大事。

⓴ 時間があったら何がしたい？

マッサージとホカンス。アクティブ派ではないので、ずっと寝ていると思います。

㉑ 今までで一番高かった買い物は？

最初に貯めたお金で『Bit & Boot』を設立しました。そこで貯めたお金で『ウォンジョンヨ』を立ち上げました！

㉒ 人生の転機はいつ？

miss A のペ・スジさんのメイクを担当したこと。その評価によって業界内で知名度が上がり、アイドルのメイクを任されることが増えたと思います。

㉓ 日本でも注目されている現状をどう感じていますか？

メイクアップアーティストなら誰しも自分のブランドを持ちたい、海外に進出したいという気持ちがあると思います。幸いにも私はそれを同時にかなえることができて、本当に感謝しています。

㉔ これからどんなメイクが流行ると思いますか？

2000 年代初めのシマーなメイク。当時の安室奈美恵さんがやっていたようなツヤツヤッとしたメイクが流行ると思います。

㉕ かわいいメイクとかっこいいメイクはどちらが得意?

どちらも得意ですが、個人的に好みなのはかわいい系のメイクです。

㉖ 一番得意なメイク方法は?

ピュアなイメージをもたらす涙袋のメイクが好きですし、得意だと思っています。

㉗ プライベートではどんなメイクをしていますか?

ナチュラルだけど、目元をはっきりと強調したメイク。

㉘ ズボラな人でもメイクがうまくなるコツは?

欲張らずに小さなことからやる。ベースを塗って、控えめなアイメイクとリップを塗るだけでもきれいに見えますよ!

㉙ ウォンジョンヨはどんなコスメですか?

見た時にもかわいく、自分に似合いそうだと思えるコスメだと思います。どうやって使おうかウキウキする気持ちを体感してほしいです。

㉚ コスメを開発するうえでのこだわりは?

使う人たちの視点に立つことです。実用性があって使いやすく、この値段なら買ってもいいかなと思えるものを追求しています。

㉛ 商品開発中の失敗談はありますか?

理想と全然違うサンプルが上がってきた時。何回やっても理想に近づかない時はその商品自体を見送って、別の方向からアプローチしたりします。

㉜ 開発が一番大変だったものは?

『W デイリームードアップパレット』。理想の色を目指すと粉質を維持できなかったりしたので、直接工場に行ってその場で出来上がったばかりのアイシャドウを試してみたりしました。

㉝ W デイリームードアップパレットの新色を出す予定はある?

あります。日本だとシマーなアイシャドウが流行っているイメージですが、マットなアイシャドウをうまく使いこなせるようなパレットを作りたい!

㉞ もし違う仕事に就くなら?

メイクさんしかやったことがないので、この仕事しか思い浮かびません。

㉟ プライベートの過ごし方は?

飛行機移動が多くてその時間を潰すために Nintendo Switch を買ったら、ゲームにハマっちゃいました。

㊱ 今ハマっているゲームは?

『ゼルダの伝説』です。

㊲ 料理はする？
まったくしないです。キッチンにホコリが溜まっています（笑）。

㊳ 好きな食べものは？
トッポギ。何かにハマるとそればかり食べています。飲みものもずっとコーヒーかアイスアメリカーノ。

㊴ 好きなお酒は？
お酒は飲みません。

㊵ 家の中で一番落ち着く場所は？
寝室。

㊶ ソウルでおすすめのスポットは？
カフェ『MELT』。メロンかき氷がおいしいです！

㊷ 日本で行ってみたいスポットは？
キャラクターが好きなので、サンリオやセーラームーンのグッズが売っているお店。サンリオだったらキティちゃんとマイメロディが好きです。

㊸ ついやってしまう癖は？
自分の髪の毛を引っ張る。

㊹ これがないと生きていけないものは？
家族。

㊺ 今もらってうれしいものは？
プレゼントならなんでもうれしい。韓国のいろいろなブランドから商品を提供していただきますが、何回もらってもうれしいです！

㊻ 今一番してもらいたいことは？
家の掃除です。コスメであふれていて倉庫みたいになりつつあるので、掃除のプロに頼みたいくらいです（笑）。

㊼ 最近泣いたことは？
実家からビタミン剤が送られてきた時に入っていたお母さんからの手紙を読んで。

㊽ よく聴く曲は？
担当するアイドルの曲と青春時代の歌謡曲。

㊾ スマホのアルバムはどんな写真が多い？
セルフィー。

㊿ メイクアイテムを１つしか使えないとしたら？
アイライナー。アイラインを描くと目元の変化が出やすいので。

WONJUNGYO

KOREA MAKEUP BOOK

WONJUNGYO

Epilogue

~終わりに~

　いつか様々な人の助けにな
るような、私なりの本を作り
たいと考えていました。今回
このような機会をいただき、
たくさんの方々の助けを借り
ながら初のメイク本を作るこ
とができて感謝の気持ちで
いっぱいです。

まずは、メイクが好きな読者の皆さんへ。

　この本には、皆さんが今よりももっとかわいいメイクができるようになるための、私なりのノウハウを詰め込みました。私がお伝えする1ミリのラインの違いやタッチの違いなど"繊細でわずかな差"が、皆さんのメイク方法に多くの変化をもたらすことを願っています。

　また、メイクアップアーティストになるために今日も1分1秒を大切に、メイクの勉強に時間を注ぐ後輩の皆さんへ。私の数多くの経験、汗と努力の結実した内容を「INTERVIEW」や「HISTORY」などでお話しさせていただきました。この本が、皆さんの目指す目的地への近道や道しるべとなることを願っています。

　最後に。私はこの本を制作する過程で、短いといえば短く、長いといえば長いメイク人生をもう一度振り返ることができました。インタビューを受けながら、たくさんの思い出が浮かんできて、思わず涙がこぼれたこともありました。メイクは私の人生そのものです。私がこのような本を出すことができるようになるまで、これまで私を助けてくれた方、今まで一緒に仕事をしてくれた方、多くの方々に心から感謝します。

　これからも、メイクアップアーティストとしてのウォン・ジョンヨをよろしくお願いします。

　ありがとうございました。

CREDIT

ドレス / GYPSY
ピアス / イー・エム（イー・エム ア
オヤマ）
ピンキーリング / リトル エンブレム
その他リング / ラブ バイ イー・エム
（イー・エム アオヤマ）

フリルビスチェ、スカート / ともにサ
ハラ（マルテ）
リング（右）/ シキア（マルテ）
ネックレス / ユニキタス（ジョワイユ）
ピアス / オイル（ジョワイユ）
リング（左）/ リトル エンブレム（イー・
エム アオヤマ）

ピアス / ラブ バイ イー・エム
（イー・エム アオヤマ）
その他 / すべてスタイリスト私物
P045 ～ バングル / イー・エム
（イー・エム アオヤマ）
P071 ～ ネックレス / オイル（ジョ
ワイユ）

シャツ / カイエカ（マルテ）
イヤカフ / イー・エム（イー・エ
ム アオヤマ）
ネックレス / サードムーブメント
（ネクスト）

ワンピース / ナツミ オオサワ
ネックレス / ラブ バイ イー・エム
（イー・エム アオヤマ）

ジャケット / ポピー（レインボー
シェイク プレスルーム）
ワンピース / バースデイルーム
（アンティ ローザ）
ネックレス / オイル（ジョワイユ）
ピアス / シキア（マルテ）

キャミソール、パンツ / ともにナツ
ミ オオサワ
カチューシャ / ドリートユアセルフ

シャツ / ヴァカンシー（アンティ ロー
ザ）
トップ / ポピー（レインボーシェイク
プレスルーム）
イヤリング、リング / ともにサード
ムーブメント（ネクスト）

アンティ ローザ
auntierosa.com

イー・エム アオヤマ
03-6712-6797

GYPSY
gypsybydress.contact@gmail.com

ジョワイユ
03-4361-4464

ナツミ オオサワ
natsumiosawa.info@gmail.com

ネクスト
050-3635-7737

マルテ
03-3797-3123

レインボーシェイクプレスルーム
03-4363-8569

※記載のないアイテムはスタイリスト私物です。

SHOP LIST

アミューズ
amuse_jp@amusemakeup.com

Ameli
@ameli_official_jp

RMK Division
0120-988-271

Yep's 伊勢丹新宿店
yeps.jp

イヴ・サンローラン・ボーテ
0120-526-333

資生堂 お客さま窓口
0120-81-4710

シュウ ウエムラ
0120-694-666

THREE
0120-898-003

Nuzzle
0120-916-852

NARS JAPAN
0120-356-686

白鳳堂
082-854-1425

パルファン・クリスチャン・ディオール
03-3239-0618

ブリリアントプラス
bliliant.stores.jp

ボビイ ブラウン
0120-950-114

M·A·C（メイクアップ アート
コスメティックス）
0570-003-770

三善
0120-06-3244

メイクアップフォーエバー
03-3263-9321

ランコム
0120-483-666

ローラ メルシエ ジャパン
0120-343-432

レインメーカーズ
0120-500-353

STARRING

ウォン・ジョンヨ（Bit & Boot）

STAFF

フォトグラファー（人物）／野田若葉（TRON ／＜ウォン・ジョンヨ分、せいら分＞）、西都美恵＜中島侑香分＞
　　　　　　　　（静物）／杉森健一、西郡美恵＜一部＞
スタイリスト／薬澤真澄（TRON）
ヘア／村宮有紗
モデル／せいら（『ViVi』専属モデル）、中島侑香（HIRATA OFFICE）
イラスト／EccO
通訳／橋本由理
ライター／佐藤有紗＜ P002 〜 005、P142 〜 I53、PI56 〜 I57 ＞
校正／聚珍社
撮影協力／バックグラウンズ ファクトリー
ウォン・ジョンヨ アシスタント／イム・ソヨン、ソン・ジュヒョン（Bit & Boot）
デザイン／宮坂明子（CAELUM）
デザインアシスタント／渡辺奈緒（CAELUM）
編集／永岡紘子（CAELUM）

MANAGEMENT

WONJUNGYO BEAUTY

SPECIAL THANKS

DOORS

WONJUNGYO 韓国メイクアップBOOK

2023 年 II 月 30 日　第 I 刷発行
2024 年 9 月 24 日　第 4 刷発行

著者　　　ウォン・ジョンヨ

発行者　　戸川貴詞
発行所　　カエルム株式会社
　　　　　〒150-0042 東京都渋谷区宇田川町 14-13 宇田川町ビルディング 8F
　　　　　info@caelum-jp.com（編集・営業）　sales@caelum-jp.com（ご注文）
印刷・製本　TOPPANクロレ株式会社